清华附中
名师点睛系列

丛书主编／邱晓云

给少年的诗词点睛课
意象十二讲

周若卉 沈绮娴 编著

电子工业出版社
Publishing House of Electronics Industry
北京·BEIJING

未经许可，不得以任何方式复制或抄袭本书之部分或全部内容。
版权所有，侵权必究。

图书在版编目（CIP）数据

给少年的诗词点睛课. 意象十二讲 / 周若卉，沈绮娴编著. -- 北京 : 电子工业出版社, 2025. 3. -- ISBN 978-7-121-49466-6

Ⅰ. G634.303

中国国家版本馆 CIP 数据核字第 2025P6H279 号

责任编辑：李黎明
印　　刷：北京宝隆世纪印刷有限公司
装　　订：北京宝隆世纪印刷有限公司
出版发行：电子工业出版社
　　　　　北京市海淀区万寿路173信　邮编：100036
开　　本：787×1092　1/16　印张：15.75　字数：252千字
版　　次：2025年3月第1版
印　　次：2025年3月第1次印刷
定　　价：89.80元

凡所购买电子工业出版社图书有缺损问题，请向购买书店调换。若书店售缺，请与本社发行部联系，联系及邮购电话：（010）88254888，88258888。
质量投诉请发邮件至zlts@phei.com.cn，盗版侵权举报请发邮件至dbqq@phei.com.cn。
本书咨询联系方式：（010）88254417，lilm@phei.com.cn。

前言

从教这些年，我们经常被问及一个问题："为什么要读诗词？"从先秦时期的"关关雎鸠"，到盛唐的"床前明月光"，再到晚清的"山登绝顶我为峰"，诗词见证了时代的变迁和文学的发展。然而，随着岁月的流转和环境的更迭，诗词似乎显得愈发陌生和晦涩。甚至在某些时候，对于学生而言，读诗词变成了逃不掉、躲不开的任务。

诗歌能够存在与延续，绝不仅仅是因为读诗、背诗的实用价值。诗词能够丰富我们的精神世界，让我们的内心充盈起来，但诗词的意义远不止于此。诗词的价值，在于对人类共同情感的凝练；诗词的魅力，在于对内心价值认知的呼召。

在我们的生活中，总有那么一瞬间，有一句诗会恰如其分地落进心坎里。它可能是相逢时的"赏心乐事四时同"，是离别时的"执手相看泪眼，竟无语凝噎"；也可能是酒逢知己时的"相逢意气为君饮，系马高楼垂柳边"，是独自寂寞时的"一腔寂寞凭谁诉。算前言、总轻负"；还可能是得意时的"春风得意马蹄疾，一日看尽长安花"，抑或是失意时的"世事一场大梦，人生几度秋凉？"在这些时刻，我们发现，人与人的距离并非那么遥远，人和人的情感可以跨越时空共鸣，人与人的灵魂能横亘地域共振。"今人不见古时月，今月曾经照古人"，一切都在那里，只为等待某时某刻与我们相遇。这也是诗词能够经久不衰的原因，个体的生命虽然有限，但人类的情感是无涯的，当历史的长河涤荡尽岁月的痕迹，诗词就是凝聚灵魂的明珠。

在本书中，为了帮助读者更好地理解、欣赏诗词，进而爱上诗词，我们凭借多年所学和清华附中初中语文教研组的教学智慧，从诗词意象出发，对诗词进行解读鉴赏、内容串联、情感分析。章节以月份命名，旨在帮助读者在一年内实现诗词阅读能力的锻造与提升。在每一章中，读者可借助"意象课堂"和"诗词例讲"学习两种古诗词的典型意象，再通过"大显身手"自测掌握程度，提升运用能力。为了让读者更好地理解和接受，我们从现代阅读的角度，融入了中小学语文教学对古诗词阅读能力的要求，以增强本书的实用性，让读者不仅学有所感，还能学有所用，真正地将学科学习和素养提升紧密结合，将语文学科的学习生活化。

总而言之，我们希望本书能够为青少年的古诗词学习提供一个有力的抓手，为他们走进诗词的世界铺路。但与此同时，我们也清醒地认识到，诗词的世界是如此广阔，二十四种意象的学习仅仅是从一个方向推开这扇大门，让读者得以窥见这个浩瀚世界的一角。我们还需要用余生去阅读、去感受、去创作，让人类精神文明的瑰宝代代相传。

"眼前直下三千字，胸次全无一点尘。"让我们翻开书卷，共同探索诗词的世界，也让诗词照进我们的内心。从此时此刻，我们不再是时间海洋中一粒渺小的尘埃，而是与无数的先人同行，也将被无数的后来者追随。在诗词的纽带上，生命的长河永无止境，人类的文明熠熠生辉。

周若卉
2024 年 10 月

目录

一月 · 春风拂草

立春 × 东风 002
意象课堂 003
诗词例讲 004
　　春　日 004
　　钗头凤 006
经典诵读 008

雨水 × 草 010
意象课堂 011
诗词例讲 012
　　赋得古原草送别 012
　　山坡羊·骊山怀古 014
经典诵读 016

大显身手 018

二月 · 桃花归燕

惊蛰 × 桃花 022
意象课堂 023
诗词例讲 024
　　江畔独步寻花（其五） 024
　　大林寺桃花 026
经典诵读 028

春分 × 燕 030
意象课堂 031
诗词例讲 032
　　乌衣巷 032
　　绝句（其一） 034
经典诵读 036

大显身手 038

三月 · 雨中折柳

清明 × 柳 040
意象课堂 041
诗词例讲 042
　　送元二使安西 042
　　闺　怨 044
经典诵读 046

谷雨 × 雨 048
意象课堂 049
诗词例讲 050
　　春夜喜雨 050
　　虞美人·听雨 052
经典诵读 054

大显身手 056

四月 · 杨花鸣虫

立夏 × 虫 060

意象课堂 061
诗词例讲 063
　　秋　夕 063
　　宿新市徐公店 065
经典诵读 067

小满 × 杨花 069
意象课堂 070
诗词例讲 071
　　闻王昌龄左迁龙标遥有此寄 071
　　柳　絮 073
经典诵读 074

大显身手 076

五月·蝉声伴莲

芒种 × 蝉 078
意象课堂 079
诗词例讲 081
　　蝉 081
　　在狱咏蝉 083
经典诵读 085

夏至 × 莲 087
意象课堂 088
诗词例讲 090
　　江　南 090
　　晓出净慈寺送林子方 092
经典诵读 094

大显身手 096

六月·云与蟋蟀

小暑 × 蟋蟀 100
意象课堂 101
诗词例讲 102
　　豳风·七月（节选） 102
　　唐风·蟋蟀 104

经典诵读 106

大暑 × 云 108
意象课堂 109
诗词例讲 111
　　白云泉 111
　　送友人 113
经典诵读 115

大显身手 117

七月·秋叶大鹏

立秋 × 叶 120
意象课堂 121
诗词例讲 122
　　三五七言（节选） 122
　　长相思·重山 124
经典诵读 126

处暑 × 鹏 128
意象课堂 129
诗词例讲 130
　　上李邕 130
　　蝶恋花·从汀州向长沙 132
经典诵读 134

大显身手 136

八月·鸿雁明月

白露 × 雁 138
意象课堂 139
诗词例讲 140
　　别董大 140
　　塞下曲（其三） 142
经典诵读 144

秋分 × 月 146
意象课堂 147
诗词例讲 148

目录

  静夜思 148
  水调歌头 150
  经典诵读 152
 大显身手 154

九月・秋菊醉人

 寒露 × 菊花 156
  意象课堂 157
  诗词例讲 158
   菊花 158
   饮酒（其七） 160
  经典诵读 162

 霜降 × 酒 164
  意象课堂 165
  诗词例讲 166
   将进酒 166
   问刘十九 169
  经典诵读 170
 大显身手 172

十月・冬来水冷

 立冬 × 黄河 176
  意象课堂 177
  诗词例讲 178
   浪淘沙（其一） 178
   黄河 180
  经典诵读 182

 小雪 × 长江 184
  意象课堂 185
  诗词例讲 187
   卜算子 187
   登高 189
  经典诵读 191
 大显身手 193

十一月・迎雪扬帆

 大雪 × 雪 198
  意象课堂 199
  诗词例讲 200
   夜雪 200
   白雪歌送武判官归京 ..202
  经典诵读 205

 冬至 × 帆 207
  意象课堂 208
  诗词例讲 209
   浣溪沙・渔父 209
   望天门山 211
  经典诵读 213
 大显身手 215

十二月・松梅友寒

 小寒 × 梅花 220
  意象课堂 221
  诗词例讲 222
   山园小梅（其一） ..222
   墨梅 225
  经典诵读 227

 大寒 × 松柏 229
  意象课堂 230
  诗词例讲 231
   赠从弟（其二） 231
   寻隐者不遇 233
  经典诵读 235
 大显身手 237

参考答案 239

一月 春风拂草

东风来了,春的脚步近了。

小草从土里偷偷钻出,嫩嫩的,绿绿的。

风吹草低,春风也拂动了我们的心。

农历正月,即"建正"之月,是农历的第一个月,也被称为初月或端月,正是迎春的时节。日渐温晴的天气预示着春天的来临。文人墨客眼中的春天是怎样的呢?让我们开启探索诗意的春之旅,叩响古典意象的大门。

立春 × 东风

　　立春是二十四节气中的第一个节气。古人观察到"初候，东风解冻"。春天到了，东风解冻了万物，气温回暖。
　　"春风花草香"，东风是春天特派的信使，她捎来春的喜讯。睡了一冬的小花小草们收到讯息，迫不及待地冒出头，向我们展示春的生机。

意象课堂

"东风"在诗词中常指春风，它无形无色，游走人间，吹拂万物。诗人们用文字捕捉春风的痕迹，刻画春风的形态，遥寄春风的柔情。常言"无风不起浪"，风作为自然之力，其意象时常在古诗词中出现，单是《全唐诗》中就有386首诗使用了"东风"这一意象，其当真是中国文学史中传统的抒情意象，具有丰富的意蕴和独特的审美价值。

有情的"东风"

自然界的"东风"能够催开百花，带来生机与希望，它是拉开春之序幕的使者。每当温柔的东风吹拂，万物随之复苏，春天也就迈着轻快的步伐来了。所以，当诗中出现"东风"时，我们往往会联想到春日欣欣然的场景。"东风"意象常出现在吟咏春天的诗词中，为诗词增添欣喜欢快之感。

无情的"东风"

"东风"能催发万物生长，而当它过于狂暴时又能让百花凋零，毫不留情。这种特性使得其在不少诗词中成为能够左右事态发展的外在力量的象征：或象征蛮横无理的权贵，或象征棒打鸳鸯的封建家长，或象征残酷无情的统治者……

典故里的"东风"

在《三国演义》记载的赤壁之战中，诸葛亮正是凭借自己丰富的气象学知识"借"来了"东风"，才能与周瑜一起实施火攻曹营的计划。"欲破曹兵，宜用火攻。万事俱备，只欠东风。"诸葛亮写给周瑜的这一妙计，使得"东风"成为自带典故的意象，时不时出现在咏叹三国历史的诗词中。所以，"东风"衍生出"成就大事的重要时机或关键因素"这一文化内涵。

诗词例讲

让我们来读一首著名的咏春诗,感受"东风"在其中的含义。

春 日

[宋]朱 熹

胜日寻芳泗水滨,
无边光景一时新。
等闲识得东风面,
万紫千红总是春。

注释

① 春日:春天。
② 胜日:天气晴朗的好日子。
③ 寻芳:游春,踏青。
④ 泗水滨:泗水,河名,在山东省。滨,指水边、河边。
⑤ 无边:无边无际。
⑥ 光景:风光,风景。
⑦ 等闲:平常,轻易。"等闲识得"是容易识别的意思。

译文

风和日丽之时在泗水边踏青,
无边无际的风光焕然一新。

一月·春风拂草

谁都可以看出春天的面貌，
春风吹得百花开放、万紫千红，到处都是春天的景致。

> **点睛**
>
> 　　开头两句叙述诗人外出寻春，沿河踏青，眼中所见皆焕然一新。为何会如此呢？正是因为和煦的东风催开了百花，催出了"万紫千红"的春天。没有"有情"的东风，就没有"有情"的春天。"东风"在这首诗里不仅指春风，更代指春的气象。"东风"作为本诗的核心意象，表明了歌咏春天的主题，而"东风面"一词更是将春景形象化、拟人化了。

看过了自然界中"有情"的"东风",我们再来感受一下人情世故里"无情"的"东风"。

钗头凤

[宋]陆 游

红酥手,黄縢酒,满城春色宫墙柳。
东风恶,欢情薄。一怀愁绪,几年离索。
错,错,错!

春如旧,人空瘦。泪痕红浥鲛绡透。
桃花落,闲池阁。山盟虽在,锦书难托。
莫,莫,莫!

注释

❶ 钗头凤:词牌名。原名《撷芳词》,相传取自北宋政和年间宫苑撷芳园之名,后因有"可怜孤似钗头凤"词句,故得名,又名《折红英》。双调六十字,上下片各七仄韵,两叠韵,两部递换。

❷ 黄縢(téng)酒:即黄封酒。宋代官酒以黄纸封口,故以黄封酒代指美酒。

❸ 宫墙:房屋的围墙,这里指的是沈园的围墙。

❹ 东风:喻指陆游的母亲。

❺ 离索:分离后的孤独生活。

❻ 浥(yì):湿润。

❼ 鲛(jiāo)绡(xiāo):神话传说鲛人所织的丝绢,极薄,后用以泛指薄纱,这里指手帕。绡,生丝或生丝织物。

❽ 池阁:池上的楼阁。

⑨ 山盟：对山立盟，指坚定不移的爱情盟约。
⑩ 锦书：写在锦上的书信，这里指情书。
⑪ 莫：相当于"罢了"。

译文

红润酥腻的手里，捧着盛满黄縢酒的杯子，满城荡漾着春天的景色，你却早已像宫墙中的绿柳那般遥不可及。春风多么可恶，欢情被吹得那样稀薄。满怀的忧愁情绪，离别几年来的生活十分萧索。错，错，错！

美丽的春景依然如旧，只是人却白白因相思而日渐消瘦。泪水洗尽脸上的胭脂，又把薄绸的手帕全都湿透。桃花凋落，池塘楼阁空寂无人。永远相爱的誓言犹在耳边，可是锦文书信再也难以寄出。罢，罢，罢！

点睛

陆游与唐琬原本是一对恩爱夫妻，感情非常好。但陆游的母亲并不喜欢唐琬，想拆散他们，让陆游休妻另娶。在封建社会，父母之命难违，陆游最终被迫休妻，二人只得听从父母之命离异。绍兴二十五年（1155），陆游在沈园偶遇唐琬。看着曾经的爱人已成为他人的妻子，陆游感慨万分，在园壁上留下《钗头凤》一词。在这首词里，陆游以"东风恶"来暗喻其母亲对自己的婚姻横加干涉，流露出与唐琬被迫分离的无奈与心痛。

经典诵读

关于"东风"的经典名句还有很多，以下这些都可以记下来。

东风不与周郎便，铜雀春深锁二乔。（杜牧《赤壁》）

杜牧在这里大胆设想，如果当年赤壁之战时，周瑜没有东风的助力，那么恐怕春深时，铜雀台将紧锁东吴美女大乔、小乔了。杜牧将周瑜一方取得赤壁战争胜利的关键原因归于偶然的"东风"，对历史时事进行了逆向思考，强调了东风的作用，却也流露出胸中的抑郁不平之气，与阮籍登广武战场时感慨"时无英雄，使竖子成名"相似。

东方风来满眼春，花城柳暗愁杀人。（李贺《河南府试十二月乐词·三月》）

东方的风吹来，满眼皆是春色。开篇起兴，洋溢着春天来临的温馨、欢欣，似乎是要表达喜悦的心情。下一句却急转直下，写无边春景中的繁花和绿柳却叫人愁苦难言。一句欢欣喜悦，一句满怀愁绪，实则是写不同人在春天到来时的不同情绪。

东风夜放花千树，更吹落、星如雨。（辛弃疾《青玉案·元夕》）

东风尚未催开百花，却吹开了元宵夜的火树银花。它吹开了地上的花灯，又吹得焰火纷纷，乱落如星雨。此句借"东风"营造了元宵佳节满是火树银花的狂欢氛围。"东风夜"叫人联想起"忽如一夜春风来，千树万树梨花开"中的"春风"意象，都是一夜的"风"催开了千树万树的"花"，不过前者的"东风"吹来的是火树银花，而后者的"春风"吹开的是满树雪花。

乱条犹未变初黄，倚得东风势便狂。（曾巩《咏柳》）

咏柳诗多表现生机盎然之感或惜别之情，此诗却不同。诗中写杂乱的柳树枝条刚抽出，尚未改变初生时的浅黄色，却倚恃着东风之势狂舞起来。此句运用拟人的修辞手法，将杨柳和东风人格化，以嘲讽、藐视的口吻描写柳树与东风。这里的"东风"可以理解为权贵或权势，小人倚仗权贵之势，得志猖狂。

东风谬掌花权柄，却忌孤高不主张。（刘克庄《落梅》）

这两句是全诗的尾联，也是点睛之笔，在前文写景寓情的基础上，对"东风"意象直接展开议论。诗人看似写"东风"对百花一点都不怜香惜玉，乱用生杀予夺的权力。实际上，此处的"东风"暗指南宋朝廷中那些执掌权柄的人。一切历史和现实中嫉贤妒能、打压人才的当权弄势者，都被诗人借由"东风"这一意象给予辛辣的讽刺。

小楼昨夜又东风，故国不堪回首月明中。（李煜《虞美人·春花秋月何时了》）

这两句词以"东风"为媒介，传达了李煜对故国的无尽怀念与哀愁。"东风"通常象征着春天的生机与活力，但在李煜的笔下，它却成了时间流逝和历史变迁的象征。"小楼昨夜又东风"中的"又"字，暗示着春风的年复一年，与词人对逝去故国的恒久思念相呼应。在月光下，这风不仅带来了春天的气息，也带来了对往昔美好时光的回忆和对现实残酷境遇的无奈。这里的"东风"不仅是自然现象，更是词人情感的触发器，它承载着对过去的眷恋和对现实的悲叹，深刻反映了李煜作为亡国之君的复杂情感和深沉哀愁。

雨水 × 草

对于"雨水"时节,古人是这样记录总结的:"三候,草木萌动……是为可耕之候。"其中"草木萌动"四个字生动地描绘了在春雨的滋润下,以小草为代表的各类植物蓬勃生长的场景。甲骨文的"春"字中有"日、草芽、竹木"的形状,我们的祖先用汉字绘制了一幅小草在太阳的照耀下破土而出的图景。由此可见,先民对"春"的理解离不开"草"这个意象。

意象课堂

"天涯何处无芳草",草作为一种自然界中普遍存在的植物,分布极广,种类极多,在户外随处可见。由于草与人们的日常生活有紧密联系,其意象成为中国古诗词中出现最早、表现力极强、使用频率极高的传统意象之一。经由历代文人墨客的不断丰富,"草"这一意象完成了由萌芽到逐渐丰满、成熟的发展历程。

变化的"草"

作为植物,草以一年为生长周期,随季节更替而呈现出不同的状态和颜色。春、夏季的草茂密繁盛,多呈青绿色,往往象征生机;秋、冬季的草衰败枯朽,多呈黄色,往往显出暮气。再加上草的生命力极强,只要不被根除,即便刀斩火烧,来年仍旧蓬勃生长。草的这些特征为诗人传情达意提供了广阔的联想空间。

忧愁的"草"

草极易滋长蔓延,往往一生二,二生四,越来越多,不断滋生,以至无穷无尽。草的这种特性与人的忧愁心绪极为相似。当人们遭遇不幸或愿望无法达成时,内心的沉郁忧愁难以排解,便将这些情绪投射到身边的物象之上。因此,不少诗人常借用"草"这一意象来抒发心中的忧愤不平之气或离愁别绪。

怀人之"草"

采摘植物以怀他人,最早可以追溯到《诗经》。例如,《周南·卷耳》中写道:"采采卷耳,不盈顷筐。嗟我怀人,寘彼周行。"诗中的女子采摘卷耳草,却总采不满一筐,只因心中思念在外的丈夫。以此为开端,用采草之无心衬托思念之深切,使"草"与思情产生了关联,对后世影响深远。借自然之草表达怀人之情,其情往往不言自明。

诗词例讲

提到关于"草"的古诗词，想必很多人脑海里闪过的第一首诗都是白居易的《赋得古原草送别》。

> **赋得古原草送别**
>
> ［唐］白居易
>
> 离离原上草，一岁一枯荣。
> 野火烧不尽，春风吹又生。
> 远芳侵古道，晴翠接荒城。
> 又送王孙去，萋萋满别情。

注释

❶ 离离：形容草木茂盛的样子。

❷ 原：原野。

❸ 荣：繁荣茂盛。

❹ 远芳侵古道：伸向远方的一片野草，侵占了古老的道路。远芳，指远处的草。

❺ 晴翠：晴朗阳光下的一片翠绿的野草。

❻ 荒城：荒凉、破败的城镇。

❼ 又送王孙去，萋萋满别情：这两句借用《楚辞·招隐士》"王孙游兮不归，春草生兮萋萋"的典故。王孙，贵族的后代，这里指的是诗人的朋友。萋萋，草盛的样子。

一月·春风拂草

> **译文**

原野上的野草长得繁密茂盛，每年都会经历枯萎和繁荣的过程。
野火也无法将它们烧尽，春风一吹，野草又生长出来。
野草蔓延至远方，遮没了古道，阳光下，无边翠色通向荒凉的城镇。
今天我又来送别老朋友，连繁茂的草儿也满怀离别之情。

> **点睛**

草无疑是这首诗的主角，字字句句紧扣题目中的"古原草"。本诗的首联与颔联是古典诗歌启蒙名句之一，堪称家喻户晓、妇孺皆知。首联叠字"离离"直写草之茂盛，"一岁一枯荣"高度概括了野草春荣秋枯的自然规律。颔联凸显草顽强的生命力，用语自然流畅。颈联"侵"和"接"二字描绘出春草蔓延古道、绿野布满荒城之景。尾联点明送别之情，以绵绵之草比喻无尽惜别之情，意境浑然天成，令人回味无穷。

于敏锐的诗人而言，草的荣枯与自然界的变迁、王朝的盛衰、时光的流逝、人生的聚散和功业的成败存在着隐秘的关联。让我们通过下面这首元曲来感受一下吧！

山坡羊·骊山怀古

［元］张养浩

骊山四顾，阿房一炬，当时奢侈今何处？
只见草萧疏，水萦纡。

至今遗恨迷烟树。列国周齐秦汉楚，
赢，都变做了土；输，都变做了土。

注释

❶ 山坡羊：曲牌名。
❷ 骊山：在今陕西省西安市临潼区东南。杜牧《阿房宫赋》："骊山北构而西折，直走咸阳。"
❸ 阿房：阿房宫，秦宫殿群，故址在今陕西省西安市西南阿房村。《三辅黄图》："阿房宫，亦曰阿城，惠文王造宫未而亡，始皇广其宫，规恢三百余里，离宫别馆，弥山跨谷，辇道两属，阁道通骊山八百余里。"又《史记·秦始皇本纪》："先作前殿阿房，东西五十步，南北五十丈，上可以坐万人，下可以建五丈旗。"
❹ 一炬：一把火。相传，公元前206年，项羽引兵"烧秦宫室，火三月不灭"（见《史记·项羽本纪》）。故杜牧有"楚人一炬，可怜焦土"（《阿房宫赋》）之叹息。
❺ 萦纡：形容回环曲折的样子。
❻ 列国：各国，即周、齐、秦、汉、楚。

译文

我站在骊山上四处张望，（雄伟瑰丽的）阿房宫已被付之一炬，当年奢侈的场面如今到哪里去了呢？

只见衰草萧疏，流水迂回。

到现在，那些遗恨已消失在茂密繁盛的树林中。

（想想）自周、齐、秦、汉、楚等国至今，

（那些）战胜了的国家，都化作了尘土；

（那些）战败了的国家，（也）都化作了尘土。

点睛

昔日豪华的秦朝宫殿早已灰飞烟灭，如今只见遍地稀疏的野草和迂回的河水。写草的萧疏，一方面是古今对比，以今日之荒草对比昔日之奢侈，更显出朝代之更迭、岁月之变迁；另一方面也是借景抒情，以"草"这一意象来抒发作者的国家兴亡之叹，以及感时伤事的悲凉情怀。国家的兴衰牵系着儒士的心，作者痛感元朝统治者的挥霍无度与昏庸无能，却又无计可施，只得借由这片阿房宫上的衰草来警示后人。

经典诵读

关于"草"的经典名句还有很多,以下这些诗句都可以记下来。

天街小雨润如酥,草色遥看近却无。(韩愈《早春呈水部张十八员外(其一)》)

在细腻润泽的春雨中,远远看去,春草似乎呈现出淡淡的青绿色,走上前近看,却发现没什么草。雨中草色若有若无之感,恍若雾里看花,别具一番朦胧美。初春小草贴地而生,长得不高也不密。诗句兼摄远近,巧妙地表现了春草稀稀疏疏、细小柔弱的特点,空处传神。

国破山河在,城春草木深。(杜甫《春望》)

山河依旧,国家却已残破,曾经繁华的长安城如今人烟稀少、草木深深。春天本应是感受生机与欢愉的季节,但对于曾经见证过大唐盛世的杜甫,眼见这遍布荒草的长安,是多么触目惊心、痛彻心扉。物是人非的历史沧桑感对后人而言,可能只是一份可有可无的感慨;然而,对杜甫而言,那些荒芜的草木在他心里日日夜夜地蔓延,时刻能勾起他的忧愤之情。

天苍苍,野茫茫,风吹草低见牛羊。(乐府民歌《敕勒歌》)

辽远苍茫的天空之下,碧绿的原野一望无垠,清风吹来,牧草低伏,显露出成群的牛羊。此句写景浑然天成,语言质朴,浅近明快,既用叠词的形式写静态的广阔草原,展现游牧民族博大的胸襟,又写动态的"风吹草低",似动而有静,似静而有动,浑然天成。"草"的意象,在这里显得格外广阔壮美。

谁言寸草心,报得三春晖。(孟郊《游子吟》)

这两句诗中,"寸草"比喻子女,而"三春晖"象征母爱的温暖与伟大。草虽微小却坚韧,象征着子女虽力薄但坚定的孝心。然而,即便是这样坚韧的生命力，也无法完全回报母亲如春日阳光般温暖而广博的爱。这两句诗通过对比"寸草"与"三春晖"，展现了母爱的无私与伟大，以及子女对母爱的无限敬仰和感激。

道狭草木长，夕露沾我衣。（陶渊明《归园田居（其三）》）

田间劳作的百姓对各种各样的草木是再熟悉不过的。诗人陶渊明归隐之后，躬耕劳作，自然也与草木变得更为亲近了。狭窄的田间小道旁长满杂草，傍晚的露水打湿了他的衣裳。隐居的生活并非全是轻松惬意的，农业劳动自然也需要付出艰辛的汗水。"草木长"三字一出，诗人终日在田野劳作之不易，可见一斑。

疾风知劲草，板荡识诚臣。（李世民《赠萧瑀》）

草有不同，人亦有差别。风和日丽时，"劲草"与其他的草没多少区别，正如国泰民安时，"诚臣"在众多朝臣中也难以被明确地分辨出来。然而当猛烈的大风吹来时，哪一种草是"劲草"一眼便可分辨，正如时局动荡之时，君王很快就能辨别出谁是"诚臣"。这两句诗富于哲理，引人深思。

草不谢荣于春风，木不怨落于秋天。（李白《日出入行》）

这两句诗通过"草"的意象，表达了对自然规律的深刻理解和顺应。草的生长和凋零是自然界循环的一部分，无须对春风或秋天表示感激或怨恨。这里的"草"象征着生命的自然循环和季节的更迭，诗人强调万物兴衰、荣枯都是自然规律的体现，不以人的意志为转移。李白借此传达了一种顺应自然、接受生命自然规律的态度，体现了对宇宙和自然界运行规律的深刻认识，以及对生命和宇宙的深刻洞察。

大显身手

1. 阅读下面这首词,回答问题。"东风荡飏轻云缕,时送萧萧雨"中的"东风"意象表达了作者什么样的情感?

虞美人·春愁

[宋]陈 亮

东风荡飏轻云缕,时送萧萧雨。
水边台榭燕新归,一口香泥湿带落花飞。

海棠糁径铺香绣,依旧成春瘦。
黄昏庭院柳啼鸦,记得那人和月折梨花。

【注释】

❶ 虞美人:词牌名,此调原为唐教坊曲,初咏项羽宠姬虞美人,因以为名,又名《一江春水》《玉壶水》《巫山十二峰》等。双调,五十六字,上下片各四句,皆为两仄韵转两平韵。

❷ 荡飏(yáng):飘扬,飘荡。

❸ 缕:一条一条地。

❹ 萧萧雨:形容雨声萧萧。

❺ 水边台榭燕新归:谓新归双燕衔泥筑巢。台榭(xiè),建筑在高台上临水的四面敞开的楼阁。

❻ 糁(sǎn):掺和。

❼ 香绣:这里指海棠花瓣。

❽ 成春瘦:花落则春光减色,有如人之消瘦,此言春亦兼及人。

❾ 柳啼鸦:归鸦啼于柳上。

❿ 那人:指所思女子。

2. 轻松一刻。

"九"是中国传统文化中的至极之数，数至九则回环往复，而"九九"之数再"大"不过了。我国古代有不少关于数九的习俗，其中最典雅的当属"九九消寒"。

我们为大家准备了一幅"亭前垂柳珍重待春风"九九消寒图，其中每个字九画，共九九八十一画。从冬至起，每天按照笔顺填一个笔画，每过九天填好一个字，直到八十一天后春回大地，这幅九九消寒图就大功告成啦！快动手试一试吧！

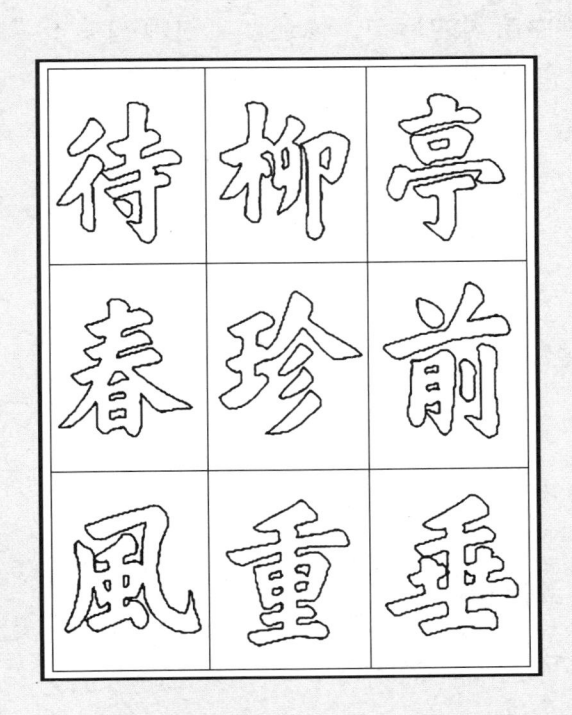

待	柳	亭
春	珍	前
风	重	垂

3. 飞花令：与"草"有关的诗词名句有许多，请你试着填一填。

（1）_____，拂堤杨柳醉春烟。（高鼎《村居》）

（2）_____，报得三春晖。（孟郊《游子吟》）

（3）_____，隔叶黄鹂空好音。（杜甫《蜀相》）

（4）晴川历历汉阳树，_____。（崔颢《黄鹤楼》）

（5）乱花渐欲迷人眼，_____。（白居易《钱塘湖春行》）

（6）_____，恐美人之迟暮。（屈原《离骚》）

（7）_____，百般红紫斗芳菲。（韩愈《晚春》）

（8）_____，危樯独夜舟。（杜甫《旅夜书怀》）

（9）_____，无言谁会凭阑意。（柳永《蝶恋花·伫倚危楼风细细》）

（10）闲居少邻并，_____。（贾岛《题李凝幽居》）

4. 除了本章中出现的诗句，你还读到过哪些关于"东风"和"草"的诗句呢？请把它们写下来吧！

关于"东风"的诗句：

关于"草"的诗句：

二月 桃花归燕

桃花在枝头嬉闹,
　穿礼服的小燕子也归来了,
　　为春的图景增添了别样的美。

　　如月、仲春、花朝,多么富有诗意的词语呀!这些词语都是农历二月的别称。《尔雅·释天》言:"二月为如。"其中的"如"意为随从。二月,万物响应春的号角相随而出,一派欣欣向荣。作为春季的第二个月,二月处于春季正中,自然就被称为"仲春"。念起叶绍翁的名句"春色满园关不住,一枝红杏出墙来",可想见这时节繁花开遍,姹紫嫣红,二月当得起"花朝"的称呼!让我们漫步诗坛,寻觅花朝!

惊蛰 × 桃花

农历二月有两个节气,先是惊蛰,后是春分。惊蛰,又称为"启蛰",春雷乍响,蛰虫初醒,大地回春,韶光弥漫。古人这样记录惊蛰:"初候,桃始华;阳和发生,自此渐盛。"这时春意萌动,天气渐暖,桃花纷纷绽放在枝头。

意象课堂

　　花的气味、颜色、姿态、形象，既吸引着诗人的目光，也引发了诗人最深切的生命体验。历代以花卉为描写对象的诗词作品数不胜数，构成中国古代文学作品的一道风景。在缤纷的各类花卉中，桃花因其分布广泛、花色粉红和花姿妩媚等特性而被古人识记。走出肃杀单调的冬景，迎面撞见一树春风中开得烂漫的桃花，很难不被惊艳。因而，不少古诗词中均有桃花的身影，让我们一起来看看吧！

叹惋青春之"桃花"

　　桃花是各类花卉中姿色极为出众的，花期却极短。自《诗经》中以桃花比喻美丽的女性后，这种以花喻美人的类比手法便传承下来。娇美的容颜和大好青春都宛若桃花般美好，却耐不住风雨，最终凋零殆尽。因此，诗人们往往赋予桃花飘零以青春易逝、红颜易老的伤感意蕴。

感慨身世之"桃花"

　　桃花分布广泛，受当地气候、海拔等因素的影响，有的早开，有的晚开，花期不一。桃花的盛开与凋零在诗人笔下不仅仅与佳人有关，还常被诗人寄予身世之感慨。花开花落又一年，青春岁月却不再回。晚桃花赶不上春光，人亦可能赶不上好时机，在大好年华得不到重用。诗人悲慨时光消逝、感叹人生起伏等复杂心绪，皆可借由"桃花"意象来表达。

寓托理想之"桃花"

　　陶渊明在《桃花源记》中写道："忽逢桃花林，夹岸数百步，中无杂树，芳草鲜美，落英缤纷"，以夹岸的缤纷桃花林装点他理想中那一方自得自在的天地。浪漫的诗人们受此启发，或以桃花意象点缀仙境世界，抒发寻求仙源之意趣；或化用《桃花源记》，表达隐逸遁世之情怀。

诗词例讲

让我们一起读诗词，感受"桃花"意象的文学魅力吧！

江畔独步寻花（其五）

［唐］杜 甫

黄师塔前江水东，
春光懒困倚微风。
桃花一簇开无主，
可爱深红爱浅红？

注释

❶ 黄师塔：和尚所葬之塔。陆游《老学庵笔记》："余以事至犀浦，过松林甚茂，问驭卒，此何处？答曰：'师塔也。'蜀人呼僧为师，葬所为塔，乃悟少陵'黄师塔前'之句。"
❷ 懒困：疲倦困怠。
❸ 无主：自生自灭，无人照管和玩赏。

译文

黄师塔前的江水向东流去，
温暖的春天使人困倦，只想倚着春风小憩。
江畔一株无人照看的桃花开得正盛，
我该爱那深红的还是浅红的呢？

二月·桃花归燕

> **点睛**
>
> 　　"桃花一簇开无主，可爱深红爱浅红？"多么惹人爱怜的桃花呀！"一簇"一词点出桃花之稠密，"开无主"又进一步表现了桃花的生命力之旺盛，以及其背后蕴藏的春意之浓郁。桃花仿佛在说：我自开着我的花，爱开几朵开几朵，爱开几簇开几簇，与旁人无关。"深红"和"浅红"两词展现了桃花花色之多、品种之多，有深红色、粉红色、浅红色等多种花色，再加上与"爱"字连用，使得整首诗节奏错落有致。诗人由此直抒胸臆，对桃花的喜爱之情溢于言表。

下面，我们再来读一首大家耳熟能详的"桃花"诗。

大林寺桃花

[唐] 白居易

人间四月芳菲尽，
山寺桃花始盛开。
长恨春归无觅处，
不知转入此中来。

注释

① 大林寺：在庐山香炉峰，相传为晋代僧人昙诜所建，为中国佛教圣地之一。

② 人间：指庐山下的平地村落。

③ 芳菲：盛亦可泛指花，这里指花草艳盛的阳春景色。

④ 尽：指花凋谢了。

⑤ 山寺：指大林寺。

⑥ 始：才，刚刚。

⑦ 长恨：常常惋惜。

⑧ 春归：春天回去了。

⑨ 觅：寻找。

⑩ 不知：岂料，想不到。

⑪ 转：反。

⑫ 此中：这深山的寺庙里。

译文

在平地上的村落，四月里百花凋零已尽，
而此时，高山古寺中的桃花才刚刚盛开。
我常为春光逝去、无处寻觅而怅恨，
却不知它已经转到这里来。

点睛

诗中的"山寺桃花"不仅是一树桃花，更是春天的化身。四月已是孟夏时节，早已芳菲落尽，毫无春意，诗人无法留春久居人间，只得"长恨"寻觅不得春光的归处，没想到在登山之时收获惊喜——高山寺庙中还有一树盛开的桃花。春天像顽皮的孩子，从人间跑来高山寺庙中，不料其行迹还是被诗人捕捉到了。在诗人眼里，那一树桃花"恍然若别造一世界者"，正是春这个孩子留下的暗号呢！诗人当时大喜，即景吟出这一千古名篇。

经典诵读

桃花是春日的烂漫芳菲,是生命、青春、佳人等美好事物的象征,在很多经典诗词中都有其"倩影",快来看看吧!

桃之夭夭,灼灼其华。之子于归,宜其室家。(《诗经·桃夭》)

此诗可谓家喻户晓,被学者称为"开千古词赋咏美人之祖"。究其原因,正在于其用明媚的桃花比喻青春的少女,精妙绝伦。"灼灼"两字生动形象地表现了出嫁少女之美艳,给人照眼欲明之感。鲜艳娇嫩的桃花,不正如娇媚可人的出嫁女子吗?这首诗以写"桃花"开头,以花衬人,以花喻人,字里行间都满溢喜气洋洋的欢庆情感,读之仿佛能聆听到千百年前古人追求幸福与美的心声。

竹外桃花三两枝,春江水暖鸭先知。(苏轼《惠崇春江晚景(其一)》)

今日,我们虽已无缘得见惠崇绘制的《春江晚景》,但苏轼的这首题画诗却使千百年后的人们仍能领略其画中的布局、景物和意境。碧绿的竹子搭配两三枝粉嫩的桃花,绿衬粉,红配青,如才子配佳人,令人赏心悦目。此处的"桃花三两枝"显然是这一幅初春景致中最亮眼的一抹颜色。不必写漫山遍野的桃花,只选取三两枝桃花"出镜",便足以透露出无尽的春意,由此也得以传达春的生机与美丽,以及诗人的无尽欣喜。以苏轼此诗配画,画意更具神韵。

人面不知何处去,桃花依旧笑春风。(崔护《题都城南庄》)

这首诗以"人面"和"桃花"为线索,讲述了一次美丽而遗憾的邂逅。用词虽简,却意蕴极深,因而千古传唱,经久不衰。仍是春光烂漫的时节,仍是花木掩映的门户,但去年今日使人一瞥惊鸿的"人面"却已不见踪迹，只留下门前一树桃花仍在春风中怒放。想当初"人面桃花相映红"，美人在桃花的映照下，更显美丽动人。去年的桃花有重开的一日，去年的那一道倩影却永远消失了，只在诗人的心中留下一缕叹息和一声感慨。你看，如今那盛开的桃花，不是依旧在枝头"笑春风"吗？那树下脉脉含情的少女，就让她随着这首诗定格在那一天吧！

桃花坞里桃花庵，桃花庵下桃花仙。桃花仙人种桃树，又摘桃花换酒钱。（唐寅《桃花庵歌》）

"桃"字与"逃"同音，因而"桃花"这个意象便具有隐者之意。诗人运用了顶真手法，这首诗里反反复复地出现"桃花"二字，"桃花坞""桃花庵""桃花仙""桃花仙人""桃树""桃花"，短短几句诗中出现这么多"桃花"，颇为罕见，简直可以称得上惊艳绝伦。诗人爱桃花爱到了极致，他所住的地方是苏州桃花坞地区的桃花庵，他自称桃花仙人，且只种植桃树，靠卖桃花沽酒，这是多么洒脱风流的隐居生活！无论是酒醒还是酒醉，无论岁月如何流逝，诗人始终与桃花相伴，甚至只愿老死在桃花树下。"桃花"不仅是诗人的邻居，更是诗人的知己和挚爱，还承载着诗人乐于归隐、不与世俗同流合污的思想情趣。

春来遍是桃花水，不辨仙源何处寻。（王维《桃源行》）

王维这首诗与陶渊明的《桃花源记》有着深刻的联系。陶渊明笔下的"桃花源"象征着一个与世隔绝、和谐宁静的理想世界，而在王维的诗中，"桃花水"成为通往这个神秘仙境的媒介。诗句中的"不辨仙源何处寻"表达了对理想境界的迷茫和追寻，与《桃花源记》中渔人迷失桃花源的情节相呼应。王维通过"桃花"意象，赞美自然之美，同时传达了对理想生活的无限憧憬和对现实社会的深刻思考。

春分 × 燕

　　古人是这样记载春分的："初候，玄鸟至；燕来也。"春分之后，雨水充沛，阳光明媚，气候温和。轻盈灵巧、翩然翻飞的小燕子们自然也沐浴在春光中，抖擞抖擞精神，舒活舒活筋骨，忙着捕食、筑巢。

二月·桃花归燕

意象课堂

我国常见的燕子是家燕和金腰燕，它们体型小而轻捷，叫声清脆悦耳，轻柔婉转。它们喜欢与人类亲近，爱在屋檐、房梁下筑巢，因此它们很早便进入古人的视野。在我国古代文学中，"燕"这一意象由来已久，《诗经·商颂》中曾经提及"天命玄鸟，降而生商"。其意象内涵也颇为丰富，咏燕的诗词不胜枚举。接下来，就让我们一起来欣赏吧！

双燕

燕子常常双宿双飞，共同衔泥筑巢，哺育雏鸟，且年年不忘旧巢，给人留下用情专一、有情有义的印象。燕子的这一习性正契合人们对理想爱情与婚姻生活的向往。因而，早在《古诗十九首》中便有"思为双飞燕，衔泥巢君屋"的美好祈愿。"双燕""双飞燕""双语燕""燕双栖"是古诗词中经常出现的意象，蕴含着中国古典文学里情意绵绵、相思难解、婚姻美满等主题。

归燕

日落时，燕子低飞归巢；春天，燕子从南方归来；秋天，燕子向南方归去……这些皆可称为"归燕"。"归燕"之"归"不仅是燕子的客观行为，还融合了诗人的主观情志。翩翩归燕与天涯游子，是一组极富意味的镜像。当游子漂泊在外时，"归燕"象征旅程的终结，寄托着游子对回乡的期盼；当游子寄人篱下时，燕子作为寄居之客，亦与其惺惺相惜。思念、孤独、感伤、无奈等复杂情绪，都随这只小小的燕子在诗人的笔下翻飞。

诗词例讲

"燕"不仅可以成为个人生平的见证者,甚至能成为社会变迁、朝代兴衰更替的纪念者。旧燕重回,映射着整个社会的沧桑巨变。《乌衣巷》便是运用这一意象的代表作。

乌衣巷

[唐] 刘禹锡

朱雀桥边野草花,
乌衣巷口夕阳斜。
旧时王谢堂前燕,
飞入寻常百姓家。

注释

❶ 乌衣巷:金陵城(今江苏南京)内街名,位于秦淮河南岸,与朱雀桥相近。三国时期吴国曾设军营于此,为禁军驻地。由于当时禁军身着黑色军服,所以此地俗称乌衣巷。东晋建都后,王导、谢安两大家族都居住在乌衣巷,人称其子弟为"乌衣郎"。

❷ 朱雀桥:六朝时金陵正南朱雀门外横跨秦淮河的大桥,在今南京市秦淮区。

❸ 王谢:王导、谢安是东晋时最有名的世家大族,贤才众多,皆居巷中,冠盖簪缨,为六朝巨室。

❹ 寻常:平常。

二月·桃花归燕

译文

朱雀桥边长满丛丛野草，簇簇野花，
乌衣巷口断壁残垣，正是夕阳西斜。
从前在王谢之家堂前筑巢的燕子，
如今再来，飞进了平常百姓人家。

点睛

东晋王、谢两家作为世家大族，贤才众多，当时的乌衣巷作为这两大世家的居住之地，自然是门庭若市、冠盖如云。朱雀桥也是宝马雕车香满路，热闹非凡。然而，朝代更迭，世家零落，如今只剩下断壁残垣，野草丛生。在后两句，诗人将笔触转向了乌衣巷中的飞燕，正是这"王谢堂前燕"使得此诗脱颖而出，成为脍炙人口的传世之作！诗人没有直白地写王谢世家的没落，而是写燕子寻故巢而来，却飞入了普通的百姓人家。面对沧桑巨变，诗人的无限感慨藏而不露，借由飞燕形象，引发读者的无限遐想。

下面,让我们来看另一首传唱千古的"燕子"诗。

绝句(其一)

[唐]杜 甫

迟日江山丽,
春风花草香。
泥融飞燕子,
沙暖睡鸳鸯。

注释

❶ 迟日:春天白昼渐长,所以说"迟日"。
❷ 泥融:这里指泥土滋润、湿润。
❸ 鸳鸯:一种水鸟,雄鸟与雌鸟常双双出没。

译文

江山沐浴着春光,多么秀丽,
春风送来花草的芳香。
燕子口衔湿泥,忙着筑巢,
暖和的沙子上卧着成双成对的鸳鸯。

二月·桃花归燕

> **点睛**
>
> 　　诗人在此诗中选取了初春最常见、最具代表性的景物来勾画，其中就有燕子。春风暖，春花开，春草绿，那秋去春归的燕子正飞来飞去，忙着衔泥筑巢。燕子的出现，使画面显得生机勃勃，给人以春意盎然之感，另外还增添了动态美。"泥融"两字紧贴前一句，因为阳光普照，春暖大地，才会"泥融"；春燕新归，上下翻飞，多么欢腾热闹的场景！"春燕"与静态的红花、绿草交相辉映，一起构成一幅摇曳多姿的春日图景，表露出诗人见到初春时节万物复苏、欣欣向荣之景的欢悦之情。

经典诵读

我国古代还有很多关于"燕"的经典名句，以下这些诗句我们可以读一读，并记下来。

几处早莺争暖树，谁家新燕啄春泥。（白居易《钱塘湖春行》）

春燕与春风、春雨、春草、春花等春天独有的景物一样，是文人墨客描绘大好春光的常用意象之一。春燕归来，象征着蓬勃生机的来临，给人以无限的希望。诗人看到燕子乘春风翩然而至，也就意识到春天真正到来了。尤其是此诗中的燕子，它们活泼欢快，正在明媚的春光中飞来飞去，忙碌而兴奋地衔泥筑巢。难怪诗人不禁感叹，是谁家的燕子，竟这么有活力！

无可奈何花落去，似曾相识燕归来。（晏殊《浣溪沙》）

这两句对仗工整，浑然天成，含蓄蕴藉，颇具哲理，发人深思。花的凋落，美的消逝，是人们无力抗拒的自然法则，即使极力挽留，也无可奈何。但使诗人欣慰的是，那去年曾在此处安巢的燕子，如同旧时相识，又翩翩归来了。落花使诗人遗憾惋惜，归燕让诗人聊以慰藉。眷恋与惆怅混杂，弥漫着淡淡的哀愁。那燕子虽只是"似曾相识"，却蕴含着美好事物仍会再现的意味，启人神智。

落花人独立，微雨燕双飞。（晏几道《临江仙·梦后楼台高锁》）

"落花""微雨""燕"这三个意象本来都是极其清丽优美的，在这首词里却共同构成凄美绝伦的意境。我们仿佛看到词人在庭院中久久伫立，呆呆地望着满地落英，抬头望去，只见微微细雨中，一对燕子相伴相随，双双飞过。这首词语言精炼，构思巧妙，利用了"燕双飞"的美好图景与"人独立"的孤单现实之间的矛盾，营造出强烈的孤寂凄凉之感。微雨中双飞的燕子，触动了词人的思念之苦。

东归燕从海上去，南来雁向沙头落。（王安石《千秋岁引·秋景》）

东归的燕子向苍茫的大海飞去，南来的大雁向平坦的沙洲落下，燕去雁来含久别返家之意，因为它们都在向曾经的家乡归去。为声名利益、世情俗态所羁绊的词人，辜负了佳人约期，如今只得在酒醒后百般思量。对照"东归燕"和"南来雁"，王安石这位以执拗果断著称的改革家反省自我既往，参悟个人平生，竟也生出了名利误身、人生如梦、不如归去的感慨。此处的燕子意象所象征的并非一般的怀恋旧情，而是借助比兴传统，抒发词人厌倦宦海浮沉、向往自由生活的思想情感。

想今年燕子，依然认得，王谢风流。（辛弃疾《八声甘州》）

刘禹锡的《乌衣巷》在世代传颂中得以永存，这也使得燕子兴亡怀古的意蕴越发深入人心。后世诗人大多受刘诗的影响，反复描摹"王谢燕"之典故，但经历过山河破碎、颠沛流离的辛弃疾从中生发出新意。在这首诗里，他反用"王谢之燕"，说当年的燕子依然记得王谢两家昔日的显赫荣耀，赋予其重寻辉煌的壮志豪情，背后承载着这位爱国词人的炽热感情和崇高理想。这只"今年燕子"承载着词人自己浓烈的主观情感，传达出他力图收复中原、以身报国的志向。

大显身手

1. 《桃花庵歌》里的顶真手法实在太有趣了！你能不能也试着来创作自己的《梅花歌》或《兰花歌》呢？

（1）梅花_____梅花_____，梅花_____梅花_____。梅花_____，又_____梅花_____。

（2）兰花_____兰花_____，兰花_____兰花_____。兰花_____，又_____兰花_____。

2. 唐代王湾的《次北固山下》一诗中，"乡书何处达"的下一句是（　　）。

　　A. 归雁洛阳边
　　B. 归燕洛阳边
　　C. 归鸟洛阳边

3. 唐代诗人李益《隋宫燕》中"燕语如伤旧国春，宫花旋落已成尘"中"燕"的意象表达了什么样的情感？

淅淅沥沥的雨，
配上一枝折柳。
那些未说出口的话，
我们都懂。

三月 雨中折柳

农历三月，又称辰月、季春、桃月、桐月、蚕月、窝月，还被称为樱笋时、莺时。这时节，天地澄澈隽永，真可谓万物皆显，气清景明。在三月，我们听到《诗经·郑风》中青春的歌唱："士与女，方秉蕳（jiān）兮……"；我们看到《论语》中欢愉的舞蹈："暮春者，春服既成，冠者五六人，童子六七人，浴乎沂，风乎舞雩，咏而归。"水气清，菜花黄，又见一年柳如烟，让我们一起走近三月的春。

清明 × 柳

"清明时节雨纷纷",清明处于仲春与暮春之交,既是二十四节气之一,又是我国的传统节日。这个节气前后,雨水较为充足,草木萌生,万物"吐故纳新",杨柳一类的树木纷纷舒枝展叶,冒出绿芽。

意象课堂

柳，古时又称"杨柳"。《本草纲目》载："杨枝硬而扬起，故谓之杨；柳枝弱而垂流，故谓之柳。"相传，隋炀帝喜爱柳树，命人将汴河两岸全栽上了柳，并"御笔赐柳姓杨"。因而，古诗词中的"杨柳"大多指的是柳树。"柳"这一意象从《诗经》发轫，形成于六朝，盛行于唐宋，常出现在送别诗中。

折柳送别

古人折柳相送，大多折的是柳枝。常言道"无心插柳柳成荫"，这是因为柳枝被折下后，如果插入土中，便极易生根发芽，生命力顽强。折柳相送，一方面是希望友人如同这柳枝，无论到了何处都能生根发芽，枝繁叶茂，暗含对远行之人的美好祝福；另一方面，由于柳与"留"谐音，折柳这一行为含蓄地流露出送别时的"挽留"之意、"留恋"之情、"留别"之思。依依柳树，柔弱柳条，如挽人手臂，正可借此表达送别时的不舍。于是，自汉唐以来，"折柳送别"的习俗逐渐形成，"柳"这个意象便与送别之情紧密地"捆绑"在一起。

闻"柳"思乡

此"柳"非彼"柳"。由于折柳寄远的文化传统由来已久，不仅柳枝、柳叶、柳絮等景物会引发诗人们的别愁，笛曲《折杨柳》也会触动人们的离绪。古代边塞苦寒，军旅生活单调，笛曲《折杨柳》作为当时的"流行"音乐，在军队中广为传唱，因而不少边塞诗中的"杨柳"或"折柳"其实指代的是笛曲《折杨柳》。此时，"柳"这一意象所附带的情感已经由离别亲友的伤感转化为一种浓浓的思乡之情。

诗词例讲

让我们来读一首著名的送别诗，感受"柳"在其中的含义。

送元二使安西

[唐] 王 维

渭城朝雨浥轻尘，
客舍青青柳色新。
劝君更尽一杯酒，
西出阳关无故人。

注释

❶ 元二：姓元，排行第二，作者的朋友。
❷ 使：出使。
❸ 安西：指唐代安西都护府，位于今新疆地区。
❹ 渭城：即秦代咸阳古城，汉改渭城。
❺ 朝（zhāo）雨：早晨下的雨。
❻ 浥（yì）：湿。
❼ 客舍：驿馆，旅馆。
❽ 柳色：青翠的柳树，这里象征离别。
❾ 更尽：再喝干，再喝完。
❿ 阳关：在今甘肃省敦煌西南，为古代通西域的要道。
⓫ 故人：老朋友。

三月·雨中折柳

译文

渭城清晨的细雨打湿了路边的尘土,
客舍边的杨柳愈发显得翠绿清新。
劝君再饮下这杯离别的美酒,
向西出了阳关就再难遇到故人。

点睛

渭城客舍,微微细雨,青青柳树。这原本是极平常的景象,却将依依惜别之情表现得深沉含蓄。客舍,是羁旅的象征;杨柳,是送别的"化身"。这两个物象通常与羁愁别恨、惜别之情相关联,此时结合在一处,更有黯然销魂之情调。平素尘土飞扬,路旁的柳树常笼着一层灰尘,不能见其本色。一场朝雨过后,方可见其青翠,方能说其"新",方能映得"客舍青青"。诗中翠绿的杨柳,是这幅色调清新、意境明朗的图景的重要点缀,更提示读者这是一场深情的离别,透露着轻快而富于希望之感。

看过了友人眼中的杨柳，让我们再来了解一下古代女子眼中的杨柳是怎样的吧！

闺　怨

[唐] 王昌龄

闺中少妇不知愁，
春日凝妆上翠楼。
忽见陌头杨柳色，
悔教夫婿觅封侯。

注释

❶ 闺怨：少妇的幽怨。闺，女子卧室，借指女子。一般指少女或少妇。古人"闺怨"之作，一般是写少女的青春寂寞，或少妇的离别相思之情。以此题材写的诗称为"闺怨诗"。
❷ 凝妆：盛妆。
❸ 翠楼：指女子居住的楼房。
❹ 陌头：路边。
❺ 悔教：后悔让。
❻ 觅封侯：从军以建功封爵。觅，寻求。

译文

闺中少妇从来不知道什么是相思离别之愁，
在明媚的春日，她精心梳妆，登上高楼。
忽然看到路边的杨柳春色，惆怅之情涌上心头，
不禁后悔当初让丈夫从军边塞，建功封侯。

点睛

　　登楼远眺时，人们常会看到杨柳色，这是最常见的春色，因而"忽见"二字初读似显突兀。闺中少妇登楼瞩望，适有所遇，而不经意间所见的普通杨柳，竟然勾起她不曾体验过的感触与联想。虽然在大多数情况下，"杨柳色"可代指"春色"，但此时此刻的陌头杨柳，却让这位少妇想起蒲柳先衰，红颜易逝；想起远隔千里的夫婿，以及那年那时的折柳赠别。这一切，使得这位原本"不知愁"的闺中少妇萌生出一个非常强烈的念头——悔教夫婿觅封侯。"柳"谐音"留"，正是引出"闺怨"情感的重要意象。

经典诵读

中国古典诗歌中还有很多关于"柳"的名句,下面这些都可以读一读,并记下来。

昔我往矣,杨柳依依。今我来思,雨雪霏霏。(《诗经·小雅·采薇》)

回想我当初出征时,杨柳依依,随风拂动。如今的我走在回家的路途中,只见大雪纷纷,漫天翻飞。《诗经·小雅·采薇》中的这两句诗成为千古传唱,可谓绝世文情。"昔"之"杨柳依依","今"之"雨雪霏霏",借景抒情,情景快速变化;"我"之"往"与"来",时光匆匆流逝,不免叫人黯然神伤。那依依的"杨柳",承载着"我"多少美好的记忆呀!

山重水复疑无路,柳暗花明又一村。(陆游《游山西村》)

这两句诗在写景中蕴含精妙的哲理,遂成为千古流传的名句。读来我们似乎可以想象到,诗人在连绵的山峦间穿行,青碧的流水伴着他漫步。林木愈加繁茂,山径愈加狭窄,诗人简直要怀疑前方无路可走了。再往前走几步,却发现那绿柳成荫、繁花似锦处藏着一处村庄,若隐若现。先是迷惘困顿,继而豁然开朗,诗人的欣喜之情溢于言表。"柳暗花明"一词如今常用来比喻经过一番曲折后出现新的局面。

羌笛何须怨杨柳,春风不度玉门关。(王之涣《凉州词》)

汉乐府《鼓角横吹曲》中有一首《折杨柳》,歌词为:"上马不捉鞭,反拗杨柳枝。蹀坐吹长笛,愁杀行客儿。"其中提及远行之人离去时折下柳条。戍边士卒听到羌笛吹奏的悲凉的《折杨柳》曲调,心中的离愁别恨难免会被触动。但诗人王之涣却一反悲戚之情,转而豁达地说道:羌笛何须吹奏那幽怨的《折杨柳》曲呢?春风根本就吹不到玉门关以外

的地方，又何谈折杨柳呢？"何须怨"，怨也无用，不如省却这一番苦心。此处的"杨柳"二字，使诗意更加含蓄蕴藉。

榆柳荫后檐，桃李罗堂前。（陶渊明《归园田居》）

茂盛的榆树和柳树荫盖住了房屋的后檐，争春的桃树与李树罗列在庭院前。"榆柳"对偶"桃李"，前者略显素淡，后者格外绚丽，两者相映成趣。不需要雕梁画栋，不需要琼楼玉宇，有这些榆树、柳树、桃树、李树映衬这小小的屋院，映衬屋院的主人，足矣！这些树木本就贴近普通百姓的生活，此刻更是这幅美好田园图景的重要点缀。北宋苏轼认为文人"不可居无竹"，对陶渊明来说，他却独独不能缺那"荫后檐"的"榆柳"和"罗堂前"的"桃李"。

沾衣欲湿杏花雨，吹面不寒杨柳风。（志南《绝句》）

诗人扶杖而行，细雨绵绵，杏花盛开，微风拂面，杨柳婀娜。春雨与杏花结合，春风与杨柳配对，神态毕现。应花期而来的风，被古人称为花信风。从小寒到谷雨，共二十四候，每候应一番花信，总称"二十四番花信风"。而清明三候的花信是柳花，那时的风也就被称为"杨柳风"。"不寒"二字带来丝丝暖意，使我们感受到春风扑面。再想象这样温柔的春风吹动细长、轻盈的柳条，那景致是多么惬意宜人，多么生气蓬勃。难怪朱自清先生都要在自己的散文《春》中引用此句。

谷雨 × 雨

"谷雨"是二十四节气之中的第六个节气,也是春季的最后一个节气。"谷雨"之意为"雨生百谷"。古人观察到,如果这个时节降雨充足且及时,田中初插的秧苗等谷类作物就能茁壮成长。雨在这个节气的"表现",会影响接下来一年的收成。

雨,不仅牵动着劳苦百姓的心,还能触动诗人的情。雨可能送给我们难以言传的欢乐,也可能带给我们痛彻心扉的悲伤。有人在雨中踽踽独行,有人在雨中翩翩起舞,面对同一场雨,不同的人会说出不同的故事。

意象课堂

"雨，是最寻常不过的自然现象。没有它，我们将无法生存，众多诗文也将失去"灵魂"。在诗人的眼里与笔下，不同时节的雨变化万千。诗中既有梅雨、清明雨、寒食雨等节令雨，又有春雨、夏雨、秋雨等季节雨，还有朝雨、暮雨、夜雨等时间雨……"雨"这个意象可以说是无所不包、无所不容，简直能涵盖漫漫人生中的无穷意蕴。甚至"听雨"一事，也被赋予精妙的诗意。

"喜雨"

雨应时而来，滋润万物，预示秋天的丰收，使人心生感激与期盼之情，因而对雨的吟诵历代不绝，"喜雨"的情感模式也便逐渐形成。激发春日生机，自然要赞美一番"雨"的功劳。久旱逢甘霖，喜悦之情自然溢于言表。雨中观景，如雾里看花，水中望月，更是有无限妙义。诗歌中的喜"雨"，读之令人振奋。

"苦雨"

"泪如雨下"一词以雨比泪，表达极其悲伤的情感。早在《诗经·邶风·燕燕》中便用"泣涕如雨"表现凄怨哀婉的情感。持续时间长、破坏力大是"苦雨"的主要特点。在古诗词中，这样的"苦雨"大多数起到渲染凄清幽静氛围的作用，常常与离别亲友、漂泊他乡、孤独寂寞等这类主题相联系，表达诗人内心的苦闷与忧郁。

诗词例讲

提到关于"雨"的古诗词,想必同学们对杜甫的《春夜喜雨》不会感到陌生。

春夜喜雨

[唐]杜 甫

好雨知时节,当春乃发生。
随风潜入夜,润物细无声。
野径云俱黑,江船火独明。
晓看红湿处,花重锦官城。

注释

① 知:明白,知道。说雨"知时节",是一种拟人化的写法。

② 发生:萌发生长。

③ 潜:暗暗地,悄悄地。这里指春雨在夜里悄悄地随风而至。

④ 润物:使植物受到雨水的滋养。

⑤ 野径:田野间的小路。

⑥ "江船"句:意谓连江上的船只都看不见,只能看见江船上的点点灯火,暗示雨势绵密。

⑦ 晓:天刚亮的时候。

⑧ 红湿处:雨水湿润的花丛。

⑨ 花重:花因为饱含雨水而显得沉重。

⑩ 锦官城:故址在今成都市南,亦称锦城。三国蜀汉时管理织锦之官驻此,故名。后人以此作为成都的别称。

译文

好雨好像知道时节的变化,一到春天就自然落下。

它随着春风在夜里悄悄飘洒,悄然无声地滋润着大地万物。

野外的小路和乌云都是黑沉沉的,只有江边的小渔船上微微透出光亮。

天亮后,只见那带着雨露的花朵娇美红艳,整个锦官城都变成了繁花盛开的世界。

点睛

这首诗描绘了春夜雨景,传达了诗人内心的喜悦之情。诗一开头,便用"好"字直接赞美春雨。接着将雨人格化,说它"知时节",雨似乎通晓人性,明白人们此刻需要它,于是就降临人间。它甚至不愿妨碍人们白天的劳作,特意选择在夜晚无声地"润物"。诗人生怕听雨听得不真切,又有些担心雨停了,所以出门去看,只见云厚雨足,野径"黑"云与江船"明"火相映衬,诗人便情不自禁地想象第二天清晨雨后春色满城的迷人景象。虽然,题目中的那个"喜"字在诗中没有直接露面,但"喜"之情意都已从字里行间迸透出来了。

赏雨景是人生一大享受，听雨声又何尝不是别有一番风味的享受呢？下面这位词人从淅淅沥沥的雨声中听出了什么呢？

虞美人·听雨

［宋］蒋 捷

少年听雨歌楼上，红烛昏罗帐。
壮年听雨客舟中，江阔云低，断雁叫西风。

而今听雨僧庐下，鬓已星星也。
悲欢离合总无情，一任阶前点滴到天明。

注释

❶ 虞美人：词牌名。唐教坊曲。兹取两格，一为五十六字，上下片各两仄韵，两平韵；一为五十八字，上下片各两仄韵，三平韵。
❷ 昏罗帐：昏，昏暗。罗帐，古代床上的纱幔。
❸ 断雁：失群孤雁。
❹ 僧庐：僧寺，僧舍。
❺ 星星：白发点点如星，形容白发很多。
❻ 无情：无动于衷。
❼ 一任：听凭。

译文

年少的时候，我在歌楼上听雨，红烛盏盏，昏暗的灯光下罗帐轻盈。人到中年，我在漂泊的小船上听雨，江面茫茫，乌云低垂，西风中，一只失群的孤雁发出阵阵哀鸣。

而今人至暮年，两鬓斑白，我独自在僧庐下听雨。想到人世的悲欢离合总是那样无情，我心中淡然，任凭那窗外的雨，在阶前点点滴滴直到天明。

点睛

"一阕词里见人生。"词人借听雨述生平，抒人生感慨。少年时在歌楼上听雨，所见是红烛、罗帐和俊俏的歌女，好一个风流倜傥的少年郎形象；壮年时在客舟中听雨，所见是宽阔的江面和低沉的云层，所听为西风呼啸与声声雁叫，满怀离愁别绪；暮年时在冷清凄凉的僧庐中听雨，两鬓斑白，回想自己颠沛流离，潦倒一生，可谓历尽悲欢离合。正因情深至极，才会感知万千离愁之苦痛，那便不若无情无知。那"点滴到天明"的雨，是词人无声的感慨。本词构思精巧，以"雨"为线索串联全词，层次分明，给读者言有尽而意无穷之感。

经典诵读

听！诗中那雨声，一直滴到今天，滴在我们的心头。

秋阴不散霜飞晚，留得枯荷听雨声。（李商隐《宿骆氏亭寄怀崔雍崔衮》）

仰头望，雨意正浓，迷蒙一片，心上似有重重的阴影，景物纷纷被抹上灰色。"留得枯荷听雨声"为点睛之笔，更被后世称为神来之笔。你想，那淅沥的秋雨滴滴敲打着枯荷，那凄清而错落之声，谁又能解其中滋味、品其中清韵呢？"枯荷"残败衰飒，诗人却言"留"其来"听"那凄楚的雨声。"雨声"本稀松寻常，此刻却可称之为天籁之音了。羁泊异乡的诗人借这雨声来疏解心中之寂寥。"枯荷"与"秋雨"的意象组合使得本诗的意境清疏秀朗，诗境极为深远。

夜阑卧听风吹雨，铁马冰河入梦来。（陆游《十一月四日风雨大作》）

诗人因"思"而夜不成眠，此时此刻夜已深沉，本应万籁俱寂，不想外界的风声雨声，声声入耳。诗人愈听愈辗转难眠，由风雨声联想到如今风雨飘摇的国家，又不由得联想到壮年时的军旅生活。那凄风苦雨最终幻化为"铁马冰河"的梦境，诗人的英雄气概得以淋漓尽致地展现。诗人日夜所思的恐怕不只是"铁马冰河入梦来"的结果，而是收复失地、庇护流离失所的百姓。可悲的是，诗人空有一腔御敌之情却无法实现，只能形诸梦境。

自在飞花轻似梦，无边丝雨细如愁。（秦观《浣溪沙·漠漠轻寒上小楼》）

此句亦景亦情，柔婉曲折，属于"虽不识字人，亦知是天生好言语"。窗外飞花袅袅，飘忽不定，使人迷离惝恍；细雨绵绵如丝，迷迷蒙蒙，无边无际。词人眼见缥缈飞花，忆起无凭残梦，心中愁绪顿时如细雨般茫无边际。"飞花"和"丝雨"构成的淡雅画面中交织着"梦"与"愁"的抽象情感，使人读之不由得感受到一种若即若离、不即不离之美。"以我观物，而物皆著我之色彩"。"无边丝雨"也许寻常人也能想到，但能写出"无边丝雨细如愁"的，恐怕唯有少游一人。

黑云翻墨未遮山，白雨跳珠乱入船。（苏轼《六月二十七日望湖楼醉书（其一）》）

乘船的诗人忽见远方涌来一片黑云，天空就像泼翻了墨汁，霎时昏暗。眨眼之间，大雨倾盆而下，只见那雨点就像千万颗珍珠一齐洒落，纷纷打到船篷、船板上，只听见一片乒乒乓乓之声。诗句中的"黑云翻墨"与"白雨跳珠"既形成强烈的色彩对比，又有远有近，有动有静，仿若一幅黑白分明的水墨画。诗人用"翻墨"比喻乌云，用"跳珠"描绘飞溅的雨点，比喻奇妙，想象丰富，凸显了夏雨来势之猛，富于情趣，可见功力。

寒雨连江夜入吴，平明送客楚山孤。（王昌龄《芙蓉楼送辛渐》）

诗人因离情萦怀，一夜未眠，只见迷蒙的烟雨笼罩整个吴地江天，如同铺天盖地的愁思，叫人避无可避。况且这夜雨还携带着寒意，更增添秋意之萧瑟，渲染离别之黯淡，沁透离别之悲苦。诗人没有实写秋雨来临时所感知到的一些细节，而是大笔一挥，用"连"和"入"两字表现了雨势之平稳连绵，如同用大片淡墨染出满纸雨幕，简笔勾勒出一幅水天相连、浩渺壮阔的吴江夜雨图，使人读来顿感气魄浩大，为下句的开阔意境做了铺垫。

大显身手

1. 阅读下面这首词,回答问题。

青玉案·丝槐烟柳长亭路
[唐] 惠 洪

丝槐烟柳长亭路,恨取次、分离去。
日永如年愁难度。
高城回首,暮云遮尽,目断人何处?

解鞍旅舍天将暮,暗忆叮咛千万句。
一寸柔肠情几许?
薄衾孤枕,梦回人静,彻晓潇潇雨。

【注释】

❶ 取次:草草,仓促,随便。
❷ 侵晓:天渐明。

"丝槐烟柳长亭路"中"柳"的意象表达了什么样的情感?

2. 飞花令：与"雨"有关的诗词名句太多了，请你来挑战！

（1）_____，路上行人欲断魂。（杜牧《清明》）

（2）_____，客舍青青柳色新。（王维《送元二使安西》）

（3）_____，野渡无人舟自横。（韦应物《滁州西涧》）

（4）何当共剪西窗烛，_____。（李商隐《夜雨寄北》）

（5）_____，草色遥看近却无。（韩愈《早春呈水部张十八员外》）

（6）_____，天气晚来秋。（王维《山居秋暝》）

（7）水光潋滟晴方好，_____。（苏轼《饮湖上初晴后雨》）

（8）行宫见月伤心色，_____。（白居易《长恨歌》）

（9）溪云初起日沉阁，_____。（许浑《咸阳城东楼》）

（10）_____，微风燕子斜。（杜甫《水槛遣心二首》）

3. 除了上面这些名句，还有哪些与"雨"有关的诗词，请你来补充吧！

四月 杨花鸣虫

人间四月天，杨花飞扬，鸣虫长吟。

与春芳告别，向夏日招手。

在漂泊不定中，遥望安居处。

农历四月，又有孟夏、阴月、梅月之称。随着气温进一步回暖，我国大部分地区渐渐进入了夏季。立夏和小满是四月的两个节气。让我们一起在诗林词海中聆听夏日之曲吧！

给少年的诗词点睛课·意象十二讲

立夏 × 虫

　　立夏是二十四节气中的第七个节气，也是夏季的第一个节气。古人将立夏分为三候："初候，蝼蝈鸣；二候，蚯蚓出；三候，王瓜生。"时至立夏，日照增加，气温升高，雷雨增多，万物繁茂，昆虫们也活跃起来，发出翕翕之声。同学们，请在唐风宋韵中欣赏昆虫的翩跹之姿吧！

意象课堂

追溯中国古代文学作品中有关昆虫的书写，其历史可谓源远流长，最早可在先秦时期的文字中寻到虫儿们的印记。昆虫陪伴我们走过漫长的时光，它们微不足道，却无处不在，在不同历史时期的诗、词、文、歌谣等作品中留下身影。"庄周梦蝶""螳臂当车""螳螂捕蝉，黄雀在后"等耳熟能详的寓言和成语，是历代优秀文学家留给我们的精神遗产。经过千百年的凝练和沉淀，"昆虫"作为文学意象早已具有独立性和象征性。下面，我们来欣赏其中三种典型的昆虫意象。

萤火虫

常在夏季夜间出现的萤火虫，宛若闪烁的小星星，引人遐想。《诗经·豳风·东山》言："熠耀宵行"，写士兵回乡，所见满目荒凉，只见萤火虫纷飞，给人幽邃清冷之感，由此凸显夜色之凄凉萧瑟。后来，"萤火虫"这一意象在魏晋时期又被赋予"自荐之谦"的意味、"在晦能明"的品质、"囊萤夜读"的典故等文学意味。潘岳的《萤火赋》盛赞萤火虫如圣人一般，在阴暗之处仍能释放光芒，坚守正道。"囊萤夜读"的典故讲的是车胤因家境贫困，无钱点灯，为夜间能继续读书便捕捉萤火虫，借助萤火虫之光彻夜苦读，学识与日俱增，车胤由此成为励志教育的标杆。南北朝之后，"萤火虫"意象还被寄予悲秋思人、多愁善感的情思。

蝴蝶

庄周对蝴蝶的青睐，使得"蝴蝶"这一意象烙上了哲学的意蕴。翩跹飞舞的蝴蝶，惊艳世人，带给人美的视觉享受。《庄子·齐物论》中记载："昔者庄周梦为胡蝶，栩栩然胡蝶也，自喻适志与！不知周也。俄然觉，则蘧蘧然周也。不知周之梦为胡蝶与，胡蝶之梦为周与？"在梦中，庄周得以与蝴蝶化为一体，翩翩飞翔。蝴蝶是庄周的一个梦，庄周也可能是蝴蝶的一个梦，这个美好的故事唤起了人们内心对自由的向往，又诠释了生命的惊奇与深意，拓展了深广的"物我合一"的意味。

"蝴蝶"意象在中国古典文学中还与爱情有关，早期源头可以追溯到晋代干宝《搜神记》中《韩凭妻》的故事。从韩凭夫妇化蝶的故事，到晚唐至宋期间逐步形成的民间传说《梁山伯与祝英台》，成就了文学传统中忠贞不渝的爱情典故。翩跹成对的蝴蝶象征着"海枯石烂不变心"的伟大爱情，这进一步丰富了"蝶"的象征意义。

蜉蝣

蜉蝣这种昆虫比较特殊，它们有漂亮的半透明双翅，宛若身着长裙的女子，轻盈动人。《诗经·曹风·蜉蝣》中写："蜉蝣之羽，衣裳楚楚。"盛赞其华彩光鲜、楚楚动人之美。这种小生物还"不食不饮"，因而成为不食人间烟火、品性高洁的象征。另外，蜉蝣"朝生暮死"，大多数蜉蝣只有短短一天的生命，死后便坠落地面，积为厚厚一层，颇为壮烈。因而，"蜉蝣"这一意象或引发人们无法维持美好事物的遗憾，或勾起诗人对个人生命之紧迫的焦虑，或使文人联想到社会环境风雨飘摇、政权朝不保夕，因此被借以讽谏权贵，表达对国家兴衰存亡的担忧。

诗词例讲

让我们先来读一首有萤火虫"出镜"的诗。

秋 夕

[唐] 杜 牧

银烛秋光冷画屏，
轻罗小扇扑流萤。
天阶夜色凉如水，
卧看牵牛织女星。

注释

❶ 秋夕：秋天的夜晚，这里指七夕，传说牛郎织女在每年农历七月初七的夜晚相会。

❷ 银烛：银白色的蜡烛。

❸ 画屏：饰有彩绘的屏风。

❹ 轻罗小扇：轻巧的丝质小团扇。

❺ 流萤：飞动的萤火虫。

❻ 天阶：露天的石阶，这里指皇宫中的石阶。

❼ 卧看：躺卧着仰望。

❽ 牵牛织女星：两个星座的名字，指牵牛星、织女星。亦指古代神话中的人物牛郎和织女。

> **译文**

　　秋夜里，烛光和月光映照着清冷的画屏，
　　宫女手拿着绫罗小团扇扑打萤火虫。
　　夜色里的石阶冰凉如水，
　　宫女卧在台阶上，仰望牵牛星和织女星。

> **点睛**

　　古人有"腐草为萤"之说，虽然此说法并无科学依据，但萤火虫确实常常出现在草丛、冢间等荒凉之处。试想，幽暗的烛火映照着清冷的屏风，陪伴这位宫中女子的只有星星点点的流萤，可以想见她生活之凄凉。为了消磨漫长的夜晚时光，她用小扇扑打飞来飞去的萤火虫，像是要驱赶自己的孤独与落寞。夜深了，石阶冰凉，天街如水，她却浑然不觉，还在出神地凝望着牵牛星和织女星。这首诗中的女子身处深宫，心中悲苦，以扑打流萤打发时光，排遣愁绪，诗中的"萤火虫"意象蕴含着无尽的孤寂幽怨之情。

看过了充满诗意的萤火虫，我们再来看看诗歌中的蝴蝶吧！

宿新市徐公店

［唐］杨万里

篱落疏疏一径深，
树头新绿未成阴。
儿童急走追黄蝶，
飞入菜花无处寻。

注释

❶ 新市：地名。今浙江省德清县新市镇，一说在今湖北省京山市东北，一说在今湖南省攸县东北，一说在今安徽省当涂县（隶属马鞍山市）东五十里。

❷ 徐公店：姓徐的人家开的旅店。

❸ 公：古代对男子的尊称。

❹ 篱落：篱笆。

❺ 疏疏：稀疏。

❻ 径：小路。

❼ 阴：树叶茂盛浓密而形成的树荫。

❽ 急走：奔跑。

译文

在稀稀疏疏的篱笆旁，有一条小路通向远方，
路边树上的花儿已经凋落，而刚长出的新叶尚未形成树荫。
小孩子飞快地奔跑着追赶黄色的蝴蝶，
可是蝴蝶突然飞入金黄的菜花丛中，再也找不到了。

给少年的诗词点睛课·意象十二讲

> **点睛**
>
> 　　这首诗描绘春意盎然之景，以一只飞舞的黄蝴蝶作为线索。枝头的新绿尚未繁茂，稀疏的篱落与绵长的小径这两者形成对照，互相映衬，诗人用简笔描绘出一幅宁静的暮春乡村图。而黄蝴蝶的那一抹亮色则为这幅图画点上清新的一笔。天真活泼的孩子们追逐着蝴蝶，跌跌撞撞地前进，急急忙忙地扑打。而那小小的蝴蝶却翩翩飞入金黄的菜花地里，孩子们更是焦急地东张西望，四处搜寻，最后眼花缭乱，无奈放弃。多么淘气又聪明的蝴蝶，多么稚气又可爱的孩子！此诗中的"蝴蝶"意象是乡村自然朴素风貌的重要组成部分。

四月·杨花鸣虫

经典诵读

描写的角度不一，态度不同，昆虫的意象便具有多样性，它们化身为文人墨客的精神翅膀，用以寄托好恶之情或讽喻之意。这些昆虫或在吟唱中倾诉伤春悲秋的心绪，或在翩跹间倾诉内心的真实情感，或在辛劳时针砭不公平的现实，丰富了文学作品的精神世界。

夕殿下珠帘，流萤飞复息。（谢朓《玉阶怨》）

珠帘和流萤原本都是极美的，但在这首诗中却因为感染了深重的哀怨而转变为凄美之景。夕阳西下，殿门的珠帘已放下，又是一个凄苦的不眠之夜。点点的流萤与晶莹的珠帘，幽清的环境与华美的殿宇两相对照。流萤飞舞点明此时是初秋时令，年已过半，又暗中增添一层时不待人、朱颜将凋之惆怅感。"飞复息"写的是连流萤都停息了，可见夜已深，人也该安歇了，暗示珠帘内之人久久不能入睡。闪烁的萤火虫，揭开深宫夜景的一隅，流露出深宫女子的愁思，显得意致深婉。

留连戏蝶时时舞，自在娇莺恰恰啼。（杜甫《江畔独步寻花（其六）》）

繁花压枝，引得彩蝶翩跹，恋花而不去，这更衬托出花儿之芬芳鲜艳。花儿这么可爱，难道只有蝶儿"留连"吗？漫步的诗人自然也流连忘返。"时时"二字表明这不是偶然一见之景，更加强烈地渲染了春意喧闹之情趣。黄莺的一串啼鸣，又将沉醉在花丛中的诗人唤醒。此句蝶舞莺歌，充满诗情画意。"留连""自在"都是双声词，音调婉转。上下两句中"时时"和"恰恰"又形成叠字对仗，使语意生动，更能表达诗人为美景陶醉的感受。

采得百花成蜜后，为谁辛苦为谁甜？（罗隐《蜂》）

"蜜蜂"与"蝴蝶"意象在诗人笔下往往象征着春之风韵。这首诗却反其道而行之，以蜜蜂为主人公，高度赞美其辛勤劳动的高尚品格，也透露出作者对不劳而获之徒的讽刺与批判。蜜蜂与蝴蝶不同，它们辛辛苦苦采花酿蜜，终身劳苦，功劳多但享受少，转而将所酿之蜜全都供养给蜂王，一如辛苦劳作的百姓们，不能享受自己的劳动成果，不得温饱，而王公贵族们却坐享其成。诗人着眼于蜜蜂的这一特点，创作出这样一则寄慨遥深的"昆虫故事"，叫人耳目一新，读之难忘。

寄蜉蝣于天地，渺沧海之一粟。哀吾生之须臾，羡长江之无穷。（苏轼《赤壁赋》）

《赤壁赋》在中国文学史上具有极高的地位，对后世影响深远。文中的客人因悲凉幽怨的洞箫声而产生凄切哀婉之感，痛感自己如同蜉蝣寄居于广阔天地之中，又如无边沧海中的一粒粟米般渺小，进一步哀叹自己的一生不过仅仅只是短暂的片刻，衷心羡慕那没有穷尽的滚滚长江。此句中的"蜉蝣"意象显然是表达生命意识的主要意象，天地之大衬托出蜉蝣之小，天地之长久反衬出蜉蝣生命之短暂，而一个渺小的人类个体，不也正如蜉蝣一般吗？作者深感人生转瞬即逝，自己如同寄寓于世间的匆匆过客。中国文学史上有不少诗人也常借蜉蝣之生死命运，来抒发人生短暂之感叹。

蜉蝣虽"不识晦朔，无意春秋"，却从不因他人认为自己的生命短暂而自暴自弃。就算只有一天的生命时光，它也要、也能、也应当活出独属于自己的精彩！

四月·杨花鸣虫

小满 × 杨花

关于小满这个节气，古人记载道："初候，苦菜秀；二候，靡草死；三候，麦秋至。"桃李之花，虽色彩绚丽，芳香诱人，但经不起狂风摧残，往往被吹落枝头，零落成泥，香消玉殒。但有一种特殊的"花"，它无味无香，却能随风起舞，借风繁育，其状若飞雪，同一般的花相比也算独具一格，这种"似花还似非花"的"花"便是杨花。

意象课堂

在古诗词中，"杨柳"意象指的不是杨树和柳树这两种树，而是特指柳树。因此，古诗词意象中的杨花指的不是杨树的花，而是柳絮，也就是柳树的种子和种子上附生的茸毛。它质地轻柔，随风飘扬，形状酷似棉絮，小且多，其飞雪般的姿态，获得了不少诗人的关注。该意象常用来抒发春愁、离情、相思、羁旅等情感。

春愁

伤春情怀是"杨花"这一意象最基本的情感意蕴。因为柳絮是春末柳树所生的羽絮状花，诗人们见到杨花飞舞之景，自然意识到又一个春季一去不复返，因而杨花成为美好春光即将消逝的象征符号，它最易触动诗人们感时伤春的心怀。作为暮春的特征，杨花飘进那些敏感多思之人的心中：四季变化循环不止，而青春却一去不复返，无力挽回，无法释怀，空余无限怅惘、无限伤感。

闲愁

"愁"作为人之七情之一，看不见摸不着，要描绘它着实不易。愁情难赋，宋代贺铸在《青玉案·凌波不过横塘路》中写道："若问闲愁都几许？一川烟草，满城风絮，梅子黄时雨。"他赋予"闲愁"这一抽象事物以三种不同的具体形象，实在精妙至极！剪不断、理还乱的闲愁正如柳絮之飘忽无定，又似绵长柳丝之年年生发、去而复返，由此，"杨花"便成了文人笔下闲愁之情的象征意象。

离愁

"柳"的意象常用来传递文人墨客对离人的美好祝愿和深深依恋，所以与柳同生的"杨花"意象也蕴含有离愁伤别之情，时常出现在送别怀人的诗词作品中。当渐行渐远的游子回望时，漫天的柳絮是故乡的最后一抹影子；当恋人在春光中离别时，飘舞的柳絮是心怀深处那一股绵绵不舍的眷恋之情；当目送友人远行的身影时，多情的柳絮是善解人意的一位使者，替人送行，一路追逐着行舟，直至远方。

诗词例讲

暮春时节，杨花漫天飞舞之姿常撩人心弦，使人思绪万千，或感慨春之消逝，或遥想远方之人，或悲叹自身之漂泊，不一而足。下面，我们来读一首以"杨花"意象起兴的名篇。

闻王昌龄左迁龙标遥有此寄

[唐] 李 白

杨花落尽子规啼，
闻道龙标过五溪。
我寄愁心与明月，
随君直到夜郎西。

注释

❶ 王昌龄：唐代诗人，天宝（唐玄宗年号，742—756）年间被贬为龙标县尉。

❷ 左迁：贬官，降职。古代尊右卑左，因此把降职称为左迁。

❸ 龙标：唐代县名，位于今湖南省洪江市。诗中代指王昌龄，古人常用官职或任官之地的州县名来称呼一个人。

❹ 子规：布谷鸟，又称杜鹃，其啼声哀婉凄切。

❺ 五溪：今贵州东部、湖南西部五条溪流的合称。

❻ 与：给。

❼ 夜郎：唐代夜郎有三处，两个在今贵州桐梓，本诗所说的"夜郎"在今湖南怀化境内。

> **译文**

在柳絮落尽、杜鹃啼鸣之时,

我听说您被贬为龙标尉,龙标地方偏远,去那里要经过武溪、巫溪、酉溪、沅溪、辰溪。

我把对你的忧愁与思念寄托给明月,

希望它能陪伴着您一直到夜郎以西。

> **点睛**

首句以杨花落尽、子规啼叫这两种物景起兴,既描写所见之景,又点明暮春时令,还有渲染凄凉哀愁之气氛的作用。首句景中见情,融情入景。杨花那身不由己、飘荡不定、无依无靠的生存状态与漂泊无依之人极其相似,再加上那"不如归去"的子规鸣声,字里行间流露出飘零之感、离别之恨。次句在此基础上直叙其事,点明愁的由来是听闻友人王昌龄遭遇贬谪。诗人不直言悲悯之情,而是借由飞絮落尽,含蓄地抒发对友人的关爱与深切挂念。那杨花,便凝聚为悲戚的幽思。

让我们一起来欣赏另一首专门吟咏杨花（柳絮）的诗作。

柳　絮

［唐］白居易

三月尽是头白日，
与春老别更依依。
凭莺为向杨花道，
绊惹春风莫放归。

注释

1. 尽是：全是。
2. 依依：不舍的样子。
3. 凭：嘱托。
4. 绊惹：挽留。

译文

阳春三月，每天头上都是一片雪白，
知道春将归去，不免生出依依不舍之情。
嘱托黄莺去告诉那些杨花，
一定要挽留住春风，不要让它归去。

点睛

　　阳春三月，柳絮漫天飞舞，纷纷扬扬，飘落到往来的行人身上，简直把人们的头发都尽数染白了。此诗首句以白发来写柳絮，可谓别出心裁，不落窠臼。漫天飘飞的柳絮象征着春天将要离去，使诗人联想到美好年华无情消逝，个体生命日渐衰老。因而，诗人嘱托树上的黄莺给杨花捎上叮嘱，希望绵长的柳絮能够把春风绊住，不让春离去。诗人的惜春之情，借由"杨花"意象得以生动传达。

经典诵读

"杨花"是中国古典文学中的经典题材和意象，我们快来看看下面这些与它相关的名句吧！

百花长恨风吹落，唯有杨花独爱风。（吴融《杨花》）

诗人眼中的杨花具有雅洁的品格，与众不同，不是"惟解漫天作雪飞"的"无才思"的飞花。诗人以豪放的笔致赞赏杨花，借杨花来寄慨言志，表露自我情怀。这两句诗未雕章琢句，只是随笔点染，例如用"长"字极写百花对吹落它们的风的恨之深切，借此对比来衬托杨花的独特。同样是面对风，百花之"恨"与杨花之"爱"，两两相对相衬，更充分展现了杨花不同流俗、奋发向上的品质。那"独爱风"的杨花，正是诗人高洁情志的寄托。

俄而雪骤，公欣然曰："白雪纷纷何所似？"兄子胡儿曰："撒盐空中差可拟。"兄女曰："未若柳絮因风起。"（刘义庆《世说新语》）

《世说新语》中的这则小故事，使得谢道韫这位有才情的女子被后世称为"咏絮才"。为何众人皆认为谢道韫这句"未若柳絮因风起"更胜一筹呢？谢道韫用风中柳絮比拟漫天飞雪，堪称契合无间。想来当时"雪骤"，用柳絮来形容雪，更能凸显雪之大，生动贴切。加之柳絮与雪都具有洁白无瑕、随风飘舞、漫无边际的特点，两者可谓异迹而同趣。另一方面，柳絮飘飞时为春季，雪花飘扬时为冬季，用春季暖景类比描写冬季寒景，更具诗情画意。

去年相送，余杭门外，飞雪似杨花。今年春尽，杨花似雪，犹不见还家。（苏轼《少年游》）

大雪纷飞，如同杨花飞舞，本不宜出门，但丈夫公务在身，妻子不得不送丈夫离去。上句中的杨花作为飞雪的比拟物，烘托了凄凉的离别气氛。后一句与前句对举，同样点明时间与气候。"杨花似雪"，春天已尽，可是去年送别的丈夫"犹不见还家"。杨花飘絮如同去年雪飞，但思念之人仍未归来，怎叫人不牵肠挂肚呢？"飞雪似杨花"与"杨花似雪"这两句，比拟工整，用语精巧，可谓绝妙好辞。迷离的飞雪和杨花传达出时光飞逝、相思不绝的感伤，在两个"似"之间，流露出因相思之苦而意乱神迷的愁情。

晓来雨过，遗踪何在？一池萍碎。春色三分，二分尘土，一分流水。细看来，不是杨花，点点是离人泪。（苏轼《水龙吟·次韵章质夫杨花词》）

这首以"杨花"为主角的词作，是苏词婉约风格的代表作。苏轼在此诗中化"无情"之花为"有思"之人，借以抒写普遍的离愁。词人心中怜惜杨花，清早醒来便四下寻觅杨花遗踪，"一池萍碎"是杨花遗踪所在之处。随后，词人妙用数字"三分""二分""一分"，以奇妙的想象和夸张的手法，传达出惜花伤春之情。那曾经在空中自在飘飞的杨花，如今分给了春色、尘土和流水。篇末最后一句干净利落，收束上文。词人仔细看眼前之景，那水中分明不是杨花的痕迹，由流水联想到思妇的点点泪水，虚中有实，实中含虚，虚实相间，真是妙趣横生。这几句可谓是情景交融的神来之笔、余音袅袅的显志之笔，难怪引得后人反复吟诵、玩味。

大显身手

1. 昆虫猜猜看。

（1）动集阳晖，灼如隋珠，熠熠荧荧，若丹英之照葩；飘飘颎颎，若流金之在沙。（　　）

（2）凌燋烟之浮景，赴熙焰之明光。拔身幽草下，毕命在此堂。（　　）

（3）随蜂绕绿蕙，避雀隐青微。映日忽争起，因风乍共归。出没花中见，参差叶际飞。（　　）

（4）淫淫奕奕，交错往来，行无遗迹，鹜不动埃。迅雷震而不骇，激风发而不动，虎贲比而不慑，龙剑挥而不恐。（　　）

（5）推毂徐翘，举斧高抗，鸟伏蛇腾，鹰击隼放。（　　）

（6）咀嚼华滋，酿以为蜜。自然灵化，莫识其术。（　　）

2. 阅读下面这首诗，回答问题。

晚　春

[唐] 韩　愈

草树知春不久归，百般红紫斗芳菲。
杨花榆荚无才思，惟解漫天作雪飞。

【注释】

❶ 榆荚：指榆钱，榆树的果实。
❷ 才思：才气，才情。
❸ 解：懂得，知道。

"杨花榆荚无才思，惟解漫天作雪飞"中的"杨花"意象表达了诗人怎样的情感？

五月 蝉声伴莲

经过一年的蓄力，莲花得以"出淤泥"，亭亭玉立。

经过多年的蛰伏，幼蝉得以"出淤泥"，歌声嘹亮。

诗意的夏天，迈步向我们走来了！

农历五月，又称"仲夏""中夏"，是农历年中的第五个月。在仲夏之月，我们会先后与芒种和夏至这两个节气相遇，能听到树上悠扬的蝉鸣，嗅到沁人心脾的莲香，观赏那田田的荷叶。

芒种 × 蝉

《诗经·豳风·七月》中记载："五月鸣蜩"，描写农历五月时知了破土上树，开始夏天的歌鸣。因此，这个月的别称为"鸣蜩"，其中"蜩"指的就是蝉。

芒种是五月间一个人们忙于碌耕种的节气，民间又称其为"忙种"。这个时节，正是南方种稻与北方收麦之时。农忙时节，蝉声伴着人们辛勤耕耘，谱写出千古不绝的劳动之歌。让我们一起来聆听诗歌中的蝉鸣吧！

意象课堂

蝉常在夏秋季节出没，广泛存在于我国各地。幼蝉在地下孕育和成长的时间短则两三年，长则十几年，但成虫蝉蜕后在地上只有几个星期的寿命。蝉的这种生命周期特征极易引发诗人的联想。我国古代诗赋有托物言志的文学传统，因而"蝉"的意象也被赋予了高洁情怀、离别相思、感时伤怀、闲情逸致等多种情感。

蝉鸣

蝉藏身于树上，一般不易被人发现，所以人们对蝉的认识，大多从它嘹亮的鸣声开始。蝉在初夏时节开始鸣叫，一直持续到初秋。蝉鸣不仅对应物候时令，还能影射社会现状。《诗经·大雅·荡》中写道："文王曰咨，咨女殷商！如蜩如螗，如沸如羹。"用焦躁不安的"蝉鸣"意象，来形容老百姓对纣王暴政的怨声载道，有借古讽今之意义。蝉鸣还可用于表达诗人的心情，如《诗经·小雅·小弁》云："菀彼柳斯，鸣蜩嘒嘒。"听着重复的蝉鸣，作者像一叶迷失方向的扁舟，心中的忧愁难以言说。

蝉翼

"薄如蝉翼"一词从战国前期发端。"蝉翼"一词最早记载于《列子》，该书多次描写蝉翼极轻薄的特征，还记载了"痀偻承蜩"的故事。文中的痀偻者将注意力全部集中在蝉的翅膀上，凝神聚力，最终才能抓住这种极易受惊而飞走的昆虫。屈原的《卜居》则以写蝉翼作为反衬，言："世溷浊而不清，蝉翼为重，千钧为轻。"他说世人已混浊不清，把极轻薄的蝉翼说成是极重的，讽刺那些甘于接受蒙蔽的荒谬之人。

耀蝉

蝉具有趋光性，因而被用于象征君子的光明品德。耀蝉是一种捕蝉方法，即人们在晚上用灯火照树，并敲打枝叶，惊动蝉，使之扑向亮光，便可捕捉到蝉。荀子热情颂扬蝉的趋光习性，将蝉与"人主之德"联系在一起，这是后世文人歌颂蝉高洁品质的发端。

饮露之蝉

古人认为，蝉有"饮而不食"的特性，也就是说蝉只喝水而不吃东西，餐风饮露，不食人间烟火。这种清洁的特质被视为品行高洁的象征，所以诗人常借蝉表明自身的高洁。实际上，蝉依靠自己刺一样的喙扎入树木吸取其汁液，并不是像古人认为的那样只吃露水。晋陆云在《寒蝉赋》中赋予蝉"文、清、廉、俭、信"五种如君子般的品德："夫头上有緌，则其文也；含气饮露，则其清也；黍稷不享，则其廉也；处不巢居，则其俭也；应候守常，则其信也。加以冠冕，取其容也；君子则其操，可以事君，可以立身，岂非至德之虫哉？"由此，蝉被称为"至德之虫"。

诗词例讲

虞世南的《蝉》、骆宾王的《在狱咏蝉》和李商隐的《蝉》，被称为"咏蝉三绝"，均是唐代咏蝉以寄情的名作。让我们先来看看虞世南的《蝉》。

蝉

[唐] 虞世南

垂緌饮清露，
流响出疏桐。
居高声自远，
非是藉秋风。

注释

❶ 垂緌（ruí）：低垂着触须。緌，古人结在颔下的帽缨下垂部分。蝉的头部有伸出的触须，形状像下垂的冠缨，故称"垂緌"。《礼记·檀弓下》："蚕则绩而蟹有匡，范则冠而蝉有緌。"

❷ 饮清露：古人认为蝉生性高洁，栖高饮露。西汉刘向《说苑·正谏》："蝉高居悲鸣，饮露。"

❸ 流响：传播响声，亦指传出的声响。此处指蝉长鸣不止。

❹ 疏桐：繁茂而枝干疏落的梧桐。疏，疏落。

❺ 居高：指栖息在高处，语意双关。

❻ 藉（jiè）：凭借，依靠。

❼ 秋风：暗指帝王的权势。

译文

蝉低垂着触须啜饮清凉的露水，
连续不断的蝉鸣声从繁茂的梧桐树上传出。
因为它身居高处，声音自会远扬，
而不是凭借吹来的阵阵秋风。

点睛

虞世南这首咏物诗既歌颂了蝉的高洁，又以蝉自喻、自励。诗人通过巧妙地刻画蝉的声音，体现坚守志行、严于律己、修养自身的品质。首句描写蝉垂下触须，吮吸清露，表面写蝉的外形与食性，实则暗含比兴，以"垂緌"暗示显宦身份，笔意巧妙。次句描绘蝉鸣声从疏桐中传出，如泉流一般连绵不断，悦耳动听，平和清新。虽只写声，但可想见蝉那种清华隽朗的高标逸韵。三、四两句是此诗比兴寄托的点睛之笔。诗人否定常人认为蝉声远传是借助于秋风的观点，强调是由于蝉"居高"而自能使其声远播。句中"自"与"非"字，相互呼应，热情赞美如蝉一般品质高洁清雅之人。

如清代施补华所言:"同一咏蝉,虞世南的'居高声自远,非是藉秋风'是清华人语;而骆宾王'露重飞难进,风多响易沉'则是患难人语。"我们一起来看看骆宾王这首《在狱咏蝉》。

在狱咏蝉

[唐]骆宾王

西陆蝉声唱,南冠客思深。
那堪玄鬓影,来对白头吟。
露重飞难进,风多响易沉。
无人信高洁,谁为表予心?

注释

❶ 西陆:指秋天。《隋书·天文志》:"日循黄道东行一日一夜行一度,三百六十五日有奇而周天。行东陆谓之春,行南陆谓之夏,行西陆谓之秋,行北陆谓之冬。"

❷ 南冠:这里是囚徒的意思。用《左传·成公九年》,楚钟仪戴着南冠被囚于晋国军府事。

❸ 那堪:一作"不堪"。

❹ 玄鬓:黑发,这里指蝉的黑色翅膀,象征着蝉正值盛年。

❺ 白头吟:乐府曲名。《乐府诗集》解题说是鲍照、张正见、虞世南诸作,皆自伤清直却遭诬谤。

❻ 露重:秋露浓重。

❼ 飞难进:意思是蝉难以高飞。

❽ 响:指蝉声。

❾ 沉:沉没,掩盖。

❿ 高洁:清高洁白。古人认为蝉栖高饮露,是高洁之物。作者因以自喻。

译文

深秋季节，寒蝉不停地鸣唱，蝉声把我这囚徒的愁绪带到远方。

怎堪忍受那正当盛年、有青黑之翼的蝉，对着我这个中年白发的人高声吟唱。

露重翅薄，欲飞不能，世态多么炎凉，风多而大，声响易沉，难保自身芬芳。

无人知道我像秋蝉般清廉高洁，有谁能为我述说内心的冤情呢？

点睛

这首诗作于唐高宗仪凤三年（678）。当时骆宾王任侍御史，因上疏事件忤逆武后，遭诬，以贪赃罪名下狱。

此诗无一字不在说蝉，也无一字不在说自己，当真是以蝉喻己，顾影自怜，感物联类，情以物迁。诗歌开头起兴，写秋蝉高唱，入耳惊心，又写自己在狱中怀想家园。接下来仍是一句写蝉，一句写自己。诗人看那秋蝉还是两鬓乌玄，而自己已两鬓斑白，两相对照，不禁自伤，委婉曲折地表达了凄恻之情。"露重""风多"比喻环境恶劣，"飞难进"比喻政治不得意，"响易沉"比喻言论受压制。物我交融，可称得上"寄托遥深"。尾联诗人直抒真情，表明自己纯洁无瑕的诚心。最后，"谁为表予心？"这一问如同裂帛，使这首诗成为唐诗中的卓荦名篇。

五月·蝉声伴莲

经典诵读

从蝉声开始，文人墨客将直观的听觉写入诗词，之后又披枝翻叶，寻找蝉影，开启眼见为实的探寻历程，这是由声到形的过程。随着认知水平的不断提升和拓展，蝉从大自然进入人们的内心世界。让我们一起看看以下有关"蝉"的诗句吧！

本以高难饱，徒劳恨费声。五更疏欲断，一树碧无情。（李商隐《蝉》）

李商隐这几句诗抓住寒蝉栖高饮露、悲鸣欲绝的特点，描摹其处境遭遇，寄托自己羁宦漂泊而遇归不得的悲剧命运，表达沉郁怨愤之情、坚守自我之志。前两句以蝉鸣起兴，用蝉栖高树暗喻自身清高；蝉鸣声并不能使它摆脱难饱的困境，蝉明知徒劳，还要长鸣不已。正如诗人心中对官场的失望逐渐郁积，只好借诗歌发出幽怨之声。后两句借写蝉的处境，再次推进不得志的感情，使人愈感其悲。蝉的鸣声在五更时已稀疏得快要断了，可是树叶还是那样碧绿。这里暗中责怪那些本可以提供荫庇而却"无情"的人，揭露了现实环境的冷酷，可谓构思巧妙，感慨深沉。

蝉噪林逾静，鸟鸣山更幽。（王籍《入若耶溪》）

作为谢灵运山水诗派的追随者，王籍颇得谢灵运诗歌之神韵。这两句诗以动衬静，浑然一体，广为流传。诗人泛舟若耶溪，所见山水本是平静而自然的存在，但他不直接描写山林的幽静，不以静写静，而是以动写静。突然间一阵蝉鸣，几声清脆的鸟啼，打破了山林原本的幽静。有了蝉的鸣叫、山鸟的啼鸣，山水间的诗情画意才有了灵动的韵律。将青山绿水之幽静置于蝉鸣和鸟鸣声之中，愈加衬托出山林的清幽和空灵。这两句诗以动写静，开创了山水诗的新形式，艺术效果可谓独特。

寒蝉凄切,对长亭晚,骤雨初歇。(柳永《雨霖铃·寒蝉凄切》)

寒蝉,又称寒螀、寒蜩,是一种较小的蝉,青赤色,有黄绿斑点、翅透明,有时也指天冷时叫声低微的蝉。《礼记·月令》云:"孟秋之月凉风至,白露降,寒蝉鸣。"由此可知寒蝉大约在农历七月时鸣叫。这几句写秋后之蝉叫得凄凉而急促,傍晚时分,面对长亭,一阵骤雨刚刚停歇。词句描写了恋人饯别之景,点明时间、地点和节序。秋景萧瑟,天晚阴沉,骤雨之后,继以寒蝉凄切,这种凄凉况味渗透在字里行间。词人通过景物描写,融情入景,渲染氛围,暗寓别意。

落叶思纷纷,蝉声犹可闻。(吴均《赠鲍春陵别诗》)

"自古逢秋悲寂寥",在落叶纷飞之季,离别的气息显得格外浓郁。这两句诗写夏季刚过,树上的蝉鸣声似乎还回响在耳畔,然而,当时与诗人一起听蝉鸣的那个人早已远去。诗人将蝉声作为回忆的纽带,勾连过去与现在,更用蝉鸣之声来强化离别的伤感。"犹可闻"三字进一步传达出诗人想听其声而不得闻,想念其人而不得见的无奈与惆怅。那断断续续、此起彼伏的秋蝉声,引发古今中外多少文人墨客的苍凉、孤独之感,难怪有文学界有"闻蝉悲秋"一说。

落日无情最有情,遍催万树暮蝉鸣。听来咫尺无寻处,寻到旁边却不声(杨万里《初秋行圃》)

初秋的傍晚,夕阳即将落山,落日余晖看似无情,实则最为有情,将天边抹上了瑰丽的色彩。秋蝉也不甘寂寞,趁着这美丽的时刻一展歌喉,蝉鸣声此起彼伏,仿佛"黄昏大合唱"。诗人通过描写自己被近在咫尺的蝉鸣声所吸引,走到近旁,蝉却突然闭口,让人遗憾之余又感到趣味横生。这首诗将视觉和听觉结合,表达了诗人对眼前美景和秋蝉的喜爱、赞美之情,不同于悲秋之蝉,清新别致。

五月·蝉声伴莲

夏至 × 莲

关于夏至时节，古人记载道："初候，鹿角解；二候，蝉始鸣；三候，半夏生。"半夏是一种化痰止咳的中药材，生于夏至日前后。"夏至一阴生"，此时天地间不再是纯阳之气，夏天也已过半，因而这种中药材得名半夏。

我们较为熟悉的莲子形似半夏，也呈椭圆形或类球形。莲子是睡莲科植物莲的成熟种子，亦可入药。莲花作为中国十大名花之一，其茎叶清秀，花香四溢，与人们的日常生活密切相关，其不畏烈日骄阳、出淤泥而不染的美好品质，使其成为中国传统文学创作中非常重要的母题。"莲"的意象被文人们塑造得千姿百态，在不同时期展现出不同的文化内涵。

意象课堂

"莲"的意象在中国几千年的文学作品中不断演变，为我国古代诗词增添了许多美丽的色彩，其内涵也不断丰厚。"芙蕖""荷""菡萏""芙蓉""茭荷""水华""玉芝""泽芝""水芙蓉"等名称都可以用来指代莲。概括来说，"莲"的意象具有以下三种象征意义：一是爱情寓意，源于《诗经》；二是象征君子的高洁品质，源于《楚辞》；三是源于佛教和道教文学的神圣含义。让我们依次来看看吧！

爱情之"莲"

莲花生长在水中，花冠美丽且硕大，犹如亭亭玉立的女子，显得洁净、高贵，因而人们喜爱用其来比喻美人。"莲"又与"怜"谐音，怜者爱也，而后，"莲"的意象衍化为婚恋、生育和繁衍的象征。《诗经·郑风·山有扶苏》中记载道："山有扶苏，隰有荷华。"此诗开篇以荷花起兴，借此抒发女子对心上人的思念。《诗经·陈风·泽陂》之中也有："彼泽之陂，有蒲与荷。有美一人，伤如之何。"这是一首水边的恋歌。《诗经》开启了以荷喻女性、以莲喻爱情的滥觞。

君子之"莲"

莲花不仅婀娜美丽，而且本性芳洁，在淤泥中生长却不染污秽，被古人称为"花中君子"。在文学作品中，君子们也常借用"莲"的高洁意象来自表个人的品格与志向。在《楚辞》中，屈原以荷花象征美德，自言以荷为衣，以莲自饰。《离骚》曰："制芰荷以为衣兮，集芙蓉以为裳"，由此，荷花成为文人比德的象征，荷衣和采莲成为隐士身份的象征。后来，宋代周敦颐的《爱莲说》一文，使"莲"这一意象定格为高洁人格的象征。

圣洁之"莲"

因有"出淤泥而不染"的特性,莲花受到古印度人的偏爱,这促使其成为佛教文化的重要象征之一。在佛教中,莲花象征清净、不染,有"著而不染"和"不著不染"这两种发生途径。自西汉末年,随着佛教在我国的传播,受到佛教影响的文人志士日益增多,荷花的宗教寓意随之开始呈现在文人墨客的笔端。这些文人借圣洁的"莲"意象,追求佛家所宣传的超脱境界,期望由此获得心灵的慰藉和精神的解脱。

诗词例讲

莲作为多年生草本植物，主要分布于我国南方水域，与劳动人民的生活紧密相关。民间有言："一莲出九药，全身都是宝！"1978年四川省成都市新都区出土的汉代墓室画像砖上便有采莲图，可见我国很早就有采莲这种农业劳动。下面这首乐府诗《江南》便为我们描绘了一幅美丽的采莲图。

江　南

汉乐府

江南可采莲，莲叶何田田。
鱼戏莲叶间。
鱼戏莲叶东，鱼戏莲叶西，
鱼戏莲叶南，鱼戏莲叶北。

注释

❶ 汉乐府：原是汉初采诗制乐的官署，后来又专指汉代的乐府诗。汉惠帝时，有乐府令一官，可能当时已设有乐府。武帝时乐府规模扩大，成为一个专设的官署，掌管郊祀、巡行、朝会、宴飨时的音乐，兼管采集民间歌谣，以供统治者观风察俗，了解民情厚薄。这些采集来的歌谣和其他经乐府配曲入乐的诗歌即被后人称为乐府诗。

❷ 田田：形容荷叶茂盛的样子。

❸ 可：在这里有"适宜""正好"的意思。

五月·蝉声伴莲

译文

　　江南又到了适宜采莲的季节，莲叶浮出水面，重重叠叠，迎风招展。在茂密如盖的荷叶下，欢快的鱼儿在不停地嬉戏玩耍。

　　它们一会儿游到东边，一会儿游到西边，一会儿游到南边，一会儿游到北边。

点睛

　　这首乐府诗语言简洁明快，音调回环往复，格调清新隽永，描绘了劳动人民采莲时的情景，表达了采莲人畅快欢愉的心情。多么秀丽的江南风光！一望无际的碧绿荷叶下，鱼儿们在自由自在地戏耍，互相追逐，采莲的男女一展悦耳的歌喉。这首民歌实际上还隐含着青年男女相互嬉戏、追逐爱情之意。此诗无一字写人，但读之如闻采莲歌声，如见采莲之人，如临采莲现场，一股饱含青春活力与勃勃生机的清爽气息扑面而来。我们由此也得以领略千百年前那些采莲人内心油然而生的欢愉和甜蜜。这也许就是《江南》这首诗艺术魅力千古不朽的原因。

下面这首古诗是传唱千古的咏荷佳作,相信你应该不会感到陌生。

晓出净慈寺送林子方

[宋]杨万里

毕竟西湖六月中,
风光不与四时同。
接天莲叶无穷碧,
映日荷花别样红。

注释

❶ 净慈寺:位于杭州西湖南岸的一个著名佛寺。

❷ 四时:原指春、夏、秋、冬四个季节,在这里指农历六月以外的其他时节。

❸ 同:相同。

❹ 接天:与天相接。

❺ 无穷碧:无边无际的碧绿。

❻ 别样红:红得特别出色。别样,宋代俗语,特别、不一样。

译文

到底是西湖的六月天的景色,
秀丽的风光和其他时节迥然不同。
碧绿的莲叶延伸到水天相接的地方,无边无际,
在太阳的映照下,荷花的色彩分外鲜红。

五月·蝉声伴莲

点睛

　　这首诗描写的是杭州西湖农历六月的美景，开篇总写六月西湖给诗人的感受，说其有着与其他季节不同的风光，强调西湖六月的独特之美。接着，诗人绘出一幅大红大绿、精彩绝艳的风景图画：延伸到湖面尽头的荷叶与蓝天交融，涂抹出一片无边无际的青碧，其中点染朵朵娇艳明丽的荷花，红与绿之间形成强烈的色彩对比，阳刚与柔美和谐统一。荷花开得这样旺盛，大概也只能在六月中了。荷花作为盛夏时特有的景物，在本诗中展现出令人回味无穷的魅力。

经典诵读

荷花因其独有的素雅高洁,赢得无数文人墨客的青睐,被称为"凌波仙子""君子花""水宫仙子""玉环"等。有些文人不仅养荷、赏荷,而且画荷、咏荷。中国文学史上有很多关于荷花的经典名句,以下这些我们可以读一读,记下来。

涉江采芙蓉,兰泽多芳草。采之欲遗谁?所思在远道。(《古诗十九首·涉江采芙蓉》)

主人公乘舟而行,到对岸采摘芙蓉,芙蓉即是荷花。《说文解字》中记载:"芙蓉花未发为菡萏,已发为芙蓉。"关于这首诗的主题,有以下两种解读:一是以朱自清先生为代表的"游子思归"说;二是以朱光潜先生为代表的"居者思夫"说。"居者思夫"说认为,江南民歌常用谐音双关手法,而此诗中的"芙蓉",谐音"夫容",即丈夫的面容,而且"采莲"的劳动主体往往为女子,所以,此诗的主题应当为思妇想念远方的夫君。女子采摘了美好的"芙蓉",此刻却难以送给自己想念的远方之人,由此传达出相会无缘的感伤情调。

兴尽晚回舟,误入藕花深处。(李清照《如梦令·常记溪亭日暮》)

这首词作展现了词人李清照青春时期的野逸之气。此句描述她兴尽方才回舟,结果因为酒醉而误入盛放的荷花丛深处。读者品读此句,可以想象几叶扁舟正在荷花池中摇荡,而扁舟上是一群玩至尽兴后归家的少女,她们笑着、闹着。"藕花深处"的美景配以一群欢愉的青春少女,生机勃发的气息呼之欲出。词句语言流畅自然,浑然天成,境界优美怡人,"误入藕花深处"一句与前文"不知归路"相呼应,可见作者之怡然忘情。

采莲南塘秋，莲花过人头。低头弄莲子，莲子清如水。置莲怀袖中，莲心彻底红。（乐府诗集《杂曲歌辞·西洲曲》）

  这首千百年前的乐府民歌，生动地传达了一位居住在西洲的女子对情人的深切思念。莲花既是二人相会场所之中的景物，又是这位南塘采莲女子的美丽化身，还是传达她相思之情的载体。"莲"字与"怜"字谐音双关，且"怜"字有"怜爱"之意，"莲子"一词双关"怜子"，以此隐语透露女子对情人的极致爱恋。同时，"莲子清如水"一句暗示女子的感情非常纯洁、纯净，而"莲心彻底红"一句则透露出其感情之浓烈、深沉。双关隐语的运用使这首诗歌格外含蓄蕴藉，诗中女子对情人的爱慕与思念藏匿于字里行间。

予独爱莲之出淤泥而不染，濯清涟而不妖，中通外直，不蔓不枝，香远益清，亭亭净植，可远观而不可亵玩焉。（周敦颐《爱莲说》）

  周敦颐不但描写了莲的外在特征，而且托物言志，借花喻人，赋予其人的精神与品质，盛赞其为花中君子。作者在"莲"的意象中注入个人的审美追求与人格理想，借此表达对世俗心理的鄙弃和对高洁情操的追求。在作者笔下，莲"濯清涟而不妖"，是亭亭玉立的女子，仪态端庄；莲"中通外直，不蔓不枝"，是志洁行廉的君子，令人敬仰；莲"香远益清，亭亭净植"，是高洁不凡的雅士，温文尔雅；莲"可远观而不可亵玩"，是美与理想的化身，不容亵渎。此外，莲的生长与人的成长对应，莲能"出淤泥而不染"，人亦能在世俗中保有圣洁纯净的本心与高洁正直的品德，只是"莲之爱，同予者何人？"又有多少人如周敦颐一般真正喜爱君子莲呢？作者在篇末流露出一种曲高和寡的孤寂之情。

大显身手

1. 谢朓《答张齐兴诗》中言:"地迥闻遥蝉,天长望归翼。"请问其中"蝉"的意象传达出作者什么样的情感?

2. 好词积累

莲花有多种美称,请在下面的美称中圈画出你最喜欢的两个,读一读,写一写,并分享给你的家人或朋友。

莲花	菡萏	君子花	碗莲
芙蕖	水目	凌波仙子	芙蓉
水芝	泽芝	水宫仙子	缸莲
水芸	水华	玉环	
水旦	荷花	芰荷	

3. 实战演练

采莲曲

［唐］王昌龄

荷叶罗裙一色裁，芙蓉向脸两边开。

乱入池中看不见，闻歌始觉有人来。

采莲曲

［唐］白居易

菱叶萦波荷飐风，荷花深处小船通。

逢郎欲语低头笑，碧玉搔头落水中。

【注释】

飐（zhǎn）：风吹颤动。

（1）概括这两首诗中采莲少女的形象特点。

（2）简要分析这两首诗在人物刻画上的妙处。

六月 云与蟋蟀

　　自由自在的白云，高居于天空。

　　无拘无束的蟋蟀，安居在人间。

　　云霄的变幻，地面的奏鸣，都织在诗里了！

　　农历六月，又称季夏、暮夏、晚夏、杪夏，其间有小暑和大暑这两个节气。此时的大江南北处于高温酷暑中，阳光炙烤万物，大地如蒸。在晴朗的夏日，我们经常能看到形态各异的云。云是大气中的水蒸气遇冷液化成的小水滴或凝华成的小冰晶混合而成的可见聚合物。夏日，抬头可见天光云影；夏夜，静卧可闻蟋蟀之声。千百年前的诗人们也同样享受着这夏日的美好，并将其写入文学作品中。

小暑 × 蟋蟀

　　小暑，是二十四节气之中的第十一个节气。暑，为炎热之意，小暑即为小热，就是说这时天气还不是十分炎热。随着季节的转变，昆虫们陆续进入人们的视野，也进驻文学的世界，例如萤火虫、蝉便是夏天的象征。而关于小暑时节，先民们是这样记载的："二候，蟋蟀居壁；亦名促织，此时羽翼未成，故居壁。"蟋蟀是书写夏末之声的不二选择。

意象课堂

蟋蟀是一种古老的昆虫，已有上亿年的历史。蟋蟀又被称为促织，原因是蟋蟀发出的鸣叫声类似这两个字的发音，它的俗名还有蛐蛐、将军虫、夜鸣虫、秋虫、斗鸡等。蟋蟀一般从阳历八月开始鸣叫，至十月下旬气候转冷时停止鸣叫。蟋蟀以本真的姿态走进人们的生活，其鸣叫声切合文人"发声"的需要，因而，其意象在文学作品中不断演变与传播。

物候标志

作为古代物候的重要组成部分，蟋蟀是出现于夏、存在于秋、消逝于冬的小昆虫。在我国古代的文献记载中，从一开始便把蟋蟀作为物候标志。《礼记·月令》中写道："温风始至，蟋蟀居壁，鹰乃学习，腐草为萤"。《吕氏春秋·季夏纪》中也有记载："凉风始至。蟋蟀居宇。"意思是秋风乍起时，蟋蟀在屋宇下鸣叫，人们便知道入秋了。可见，古人把蟋蟀当作秋天的候虫，因而蟋蟀又称为"秋虫"。学者郭沫若更认为"蟋蟀"的象形古字可假借秋季的"秋"。

惜时感怀

蟋蟀鸣叫标志着萧条的秋季即将到来。此时刚进入短暂的农闲期，人们受蟋蟀之鸣叫声触动，在闲暇之时回顾以往的生活，惜时之感慨油然而生。例如，《诗经·唐风·蟋蟀》这首诗歌便是古人借由对蟋蟀之鸣的深思，表达光阴易逝，欲及时行乐而又不能的痛苦，以及忧时伤怀之情。

悲秋感伤

蟋蟀喜欢栖息于人类住宅附近，其秋夜入室的声声哀鸣极易使人陷入悲伤之中。作为"秋声"的代表，蟋蟀之鸣声清越，其意象在诗歌中也逐渐成为"悲秋"的典型符号，如宋玉《九辩》便有云："独申旦而不寐兮，哀蟋蟀之宵征。"夜间瑟瑟而歌的蟋蟀，更增添了这不寐之夜的悲凉感。由此，蟋蟀成为文人书写"悲秋"的专属文学意象。

诗词例讲

蟋蟀虽然善于隐蔽自己，但其鸣叫声很早便被古人写入文学作品中，以下这两首《诗经》中的诗歌便是例证。

豳风·七月（节选）

五月斯螽动股，六月莎鸡振羽。
七月在野，八月在宇，
九月在户，十月蟋蟀入我床下。

注释

❶ 斯螽（zhōng）：虫名，蝗类，即蚱蜢、蚂蚱。
❷ 动股：指斯螽发出鸣声。旧说斯螽以两股相切发声。
❸ 莎鸡：虫名，即纺织娘。
❹ 振羽：以翅摩擦发声。

译文

五月蚱蜢弹腿叫，六月纺织娘振翅鸣。
七月蟋蟀在田野，八月来到屋檐下，
九月蟋蟀进屋门，十月钻到我床下。

六月·云与蟋蟀

> **点睛**
>
> 《毛诗传笺》中记载汉代郑玄对此诗的点评:"自七月在野,至十月入我床下,皆谓蟋蟀也。言三物之如此,著将寒有渐,非卒来也。"这首诗是《诗经》中最著名、最美的农事诗之一,以不同昆虫的接连出现对应季节的流转,农历五月、六月的物候象征分别是斯螽、莎鸡二虫,农历七月至十月的物候象征则是蟋蟀。七月时因天气尚暖,蟋蟀尚且在野外,等到八月天气转凉时,蟋蟀便躲到人们的屋檐之下,到九月时愈加寒冷,蟋蟀躲入屋内。等十月时,蟋蟀便钻到床下,以此御寒。蟋蟀随天气变化不断转移位置,先民们也依据蟋蟀的位置来判断时序。古人观察蟋蟀的习性,总结其中规律,发现其从"在野"到"在宇",再从"在户"到"入我床下",从室外到室内,由远而近,最终躲进屋内避寒,暗示气温在逐步下降。古人借助小小的蟋蟀得以准确判断农时。

唐风·蟋蟀

蟋蟀在堂，岁聿其莫。今我不乐，日月其除。
无已大康，职思其居。好乐无荒，良士瞿瞿。

蟋蟀在堂，岁聿其逝。今我不乐，日月其迈。
无已大康，职思其外。好乐无荒，良士蹶蹶。

蟋蟀在堂，役车其休。今我不乐，日月其慆。
无以大康，职思其忧。好乐无荒，良士休休。

注释

1. 聿（yù）：作语气助词。
2. 莫：古"暮"字。
3. 除：逝去。
4. 无已：不可。
5. 大（tài）康：过于享乐。
6. 职：相当于口语"得"。
7. 居：居处，指所处职位。
8. 瞿瞿（jù）：警惕瞻顾的样子。
9. 迈：意同"逝"，去、流逝。
10. 蹶蹶（jué）：勤奋的样子。
11. 役车：服役出差的车子。
12. 慆（tāo）：逝去。
13. 休休：安闲自得，乐而有节的样子。

译文

　　天寒蟋蟀进堂屋,一年匆匆临岁暮。今不及时去寻乐,日月如梭留不住。行乐不可太过度,本职事情莫耽误。正业不废又娱乐,贤良之士多警悟。

　　天寒蟋蟀进堂屋,一年匆匆临岁暮。今不及时去寻乐,日月如梭停不住。行乐不可太过度,分外之事也不误。正业不废又娱乐,贤良之士应勤奋。

　　天寒蟋蟀进堂屋,行役车辆也息休。今不及时去寻乐,日月如梭不停留。行乐不可太过度,还有国事让人忧。正业不废又娱乐,贤良之士乐悠悠。

点睛

　　这首诗借重复出现的"蟋蟀"意象,直吐心曲,坦率真挚,表达了感物伤时之情。诗的开头写蟋蟀从野外迁到屋内,诗人感受到天气逐渐寒冷,由此意识到一年已至岁暮,进一步叹惋"岁聿其莫",感慨时光的流逝。虽然诗人紧接着宣称要好好行乐,不要浪费光阴,但随后又强调不能过分追求享乐,要想想工作职责。诗人在肯定"好乐"的同时,也强调节制,"好乐"应有限度。虽是自我说教,却很有分寸,至今仍对我们有告诫意义。蟋蟀虽小,却引发了诗人多少深思呀!

经典诵读

蟋蟀作为穴居昆虫,常栖息于地表,或砖石下,或土穴中,或草丛间。它们通常在夜间外出活动,利用翅膀发声,其长节奏的响亮鸣声,既是在求偶,也是在警告别的同性。文学作品中有许多关于蟋蟀的描写,让我们一起来阅读下面这些诗句吧!

明月皎夜光,促织鸣东壁。玉衡指孟冬,众星何历历。(《古诗十九首·明月皎夜光》)

这首诗记叙随蟋蟀鸣叫而出现的各种物候特性,先从视觉的角度写夜空中明亮皎洁的月光,又从听觉的角度写东边墙角下低吟的蟋蟀,月光与虫鸣共同交织为一曲清越的夜之旋律,营造出幽静的氛围。诗人望天,只见北斗星中的玉衡星已指向了孟冬,天上的星星闪烁璀璨。写景的同时也暗示夜已深,此时已至后半夜,流露出诗人凄然悲伤的心境。促织鸣壁,暗示秋气转凉,这些特征均是历代先人在漫长生活中积累下来的物候智慧。

促织甚微细,哀音何动人。草根吟不稳,床下夜相亲。久客得无泪,放妻难及晨。悲丝与急管,感激异天真。(杜甫《促织》)

人类常常觉得昆虫的鸣叫声是它们的语言,反复的鸣叫便代表昆虫在不停地倾诉。诗人漂泊在外,彻夜难眠,听到促织的哀鸣声,原本凄凉的心境更是忧伤,不禁潸然泪下。此诗开篇写蟋蟀之声"甚细微",第二句又感慨其声"何动人",两者构成对比,表现蟋蟀之鸣的不同寻常。接下来,作者使用互文手法,言简意赅地抒写交互着的四层意思。促织在室外草丛中和室内床下不断鸣叫,而半夜里被哀鸣之声惊醒的那些长期客居他乡的人,以及被遗弃的妇女或寡妇,都无法安睡,转而流下泪水,伴着促织的鸣叫声哀叹到天明。最后,诗人用蟋蟀的叫声和"悲丝""急管"的声音作对比，用乐器的演奏声衬托促织的"哀乐"，直接赞美蟋蟀的叫声"天真"且感人，传达出诗人愁苦的思乡之情。

来日苦短，去日苦长。今我不乐，蟋蟀在房。（陆机《短歌行》）

蟋蟀在房中鸣叫，在古人眼中是岁时将暮的物候标志。在此诗中，诗人苦于过去的日子太多，而留给自己的年月太少，哀叹自己虚度了年华，正在郁郁寡欢，心生不快，此时此刻又听到蟋蟀在房屋内瑟瑟的鸣叫声，顿时感觉人生的秋天已经到了，自己却依旧一无所成，心中更是悲哀。诗人真情所至，有感而发，用蟋蟀的叫声比喻人生的暮年，由此传达个人的凄凉伤感，具有打动人心的力量。

斜月入前楹，迢迢夜坐情。梧桐上阶影，蟋蟀近床声。（白居易《夜坐》）

在诗人眼中，蟋蟀是陪伴在他床畔的秋虫，像无言的伙伴一般亲密。在千百年前的那个秋夜，诗人独自凝神静坐，见那窗外的明月朗照前门柱子，又将梧桐树的影子映照在门前台阶上。万物俱寂，只有蟋蟀清脆的鸣叫声悠悠萦绕在床边。这只小小的蟋蟀虽然隐遁在屋内某一个角落，却又默默以声音陪伴他度过漫漫长夜。白居易在另一首诗《闻虫》中又写道："暗虫唧唧夜绵绵，况是秋阴欲雨天。犹恐愁人暂得睡，声声移近卧床前。"多么可爱又通晓人意的蟋蟀呀！

大暑 × 云

关于大暑这个节气，古人记载的是"三候，大雨行时"。雨从云间来，雨多则云多。许慎《说文解字》道："云，山川气也。天降时雨，山川出云。从雨，云象回旋之形。"可见，古人已经认识到云和雨之间存在紧密的关联。炎炎夏日，阵阵暑气，闲看云卷云舒，观其形态各异，赏其变幻莫测，亦是一件美事。

意象课堂

诗人之情皆可入景，自然之景常含人情。云是一种常见的自然景象，它质洁轻盈，缱绻自由，有薄有厚，时动时静，有色有形，具有千变万化的特点。我国古诗词中有大量关于"云"的描写，例如《全宋词》中带有"云"字的词就有6800余首。在中国传统文化中，"云"这一意象具有重要意义，不同形态的云被诗人赋予不同的情感、精神、品格、灵魂。让我们一起来看看吧！

白云

不同颜色的云给人以不同的审美感受，其中白色的云是最为常见的，诗人笔下的"白云"意象出现的频率也很高。庄子有言："天下无道，则修德就闲，千岁厌世，去而上仙，乘彼白云，至于帝乡。"在无道的乱世，不如搭乘"白云"去往神仙真正的故乡。白云来去自由，正如心灵安逸自适，无所挂碍。"白云"继而发展成为退隐之所的象征，其意象常与隐居避世之情相联系。

碧云

作为自然物象，"碧云"色泽美丽，其意象常蕴含着相思离别之情。"离怀浑似梦里，碧云犹冉冉，佳人何处。"仇远在《台城路》里这样借由美丽的"碧云"景象传达与佳人难舍难分的思念之情。"碧云"虽美，但也有聚散离合，正如人有悲欢离合。停不下来的思念都在那写不尽的"碧云"里了。

彩云

除了"白云"和"碧云"，还有许多其他颜色的云，例如"绿云""红云""黑云""黄云"，无不引人思绪翻飞，浮想联翩。其实，"绿云"和"红云"不是真正的云，它们常常作为植物茎叶、花朵的喻体，以突显植物颜色之美丽。其中，"绿云"有时代表植物茎叶，有时指代女子乌黑油亮的秀发；"红云"有时作为红花的喻体，有时候指代女子姣好红润的脸庞。而"黑云"主要指大雨将至，多用于烘托环境的恶劣。"黄云"则常用于形容大漠地区的云，因为那里黄沙千里、风沙弥漫，"云"似乎也染上黄色。还有"青云"，多指的是奋发向上、扶摇直上之力。除此之外，"庆云"和"五色云"指祥瑞之气，多作为祝寿用语，传达祝愿长寿之意。五彩缤纷的云，被诗人赋予了多种多样的情感色彩。

诗词例讲

云飘浮不定,无根无源。有时轻盈如天,有时厚重如地;有时凝滞不动,似乎重兵压境;有时灵动翻飞,犹如轻骑突袭;有时悠然自在,透出静谧祥和。洁白的云象征人格的高洁,厚重的云代表现实的阻隔,飘散的云见证时间的流逝,静态的云传达内心的禅意,不同的云承载着不同的情感意志。下面,让我们一起来看一首关于云的千古名诗。

白云泉

[唐] 白居易

天平山上白云泉,
云自无心水自闲。
何必奔冲山下去,
更添波浪向人间。

注释

❶ 白云泉:位于天平山山腰上的清泉。
❷ 天平山:在今江苏省苏州市西。
❸ 无心:舒卷自如。
❹ 闲:从容自得。
❺ 何必:为何。
❻ 奔:奔跑。
❼ 波浪:水中浪花,这里喻指令人困扰的事情。

> **译文**

天平山上的白云泉是那样清幽静谧，
天上的白云随风飘荡，舒卷自如，山上的淙淙潺流从容自得。
我问泉水，你既然在这里如此闲适，为何要奔跑着冲到山下去，
给原本纷扰多事的人间推波助澜？

> **点睛**

何处无云？何处无水？此诗之所以与众不同，是因为诗人的关注点不在于眼前天平山的巍峨与"吴中第一水"的清澄，而在于借舒卷自如、无拘无束的白云抒写自我。东晋陶渊明在《归去来兮辞》中写道："云无心以出岫，鸟倦飞而知还。"以此含蓄地流露自己由出仕而归隐的心路。云尚且随心而来去，人却"心为形役"，情何以堪？白居易在出任苏州刺史时，政务冗杂繁忙，甚至有了"既无可恋者，何以不休官"的想法。云自在无心，水自得自闲，其实是诗人将清静无为、出世归隐的情感寄寓在眼前景物之中，正可谓移情注景，景中寓情。那年那时，那逍遥的云儿，岂不也是白乐天羡慕的对象？

在风的作用下，云四处浮游，无法自主选择去向。这与游子漂泊游荡、无依无靠的现实境遇有相似之处。下面这首诗便是借"云"这一意象书写漂泊游子的名作。

送友人

[唐] 李 白

青山横北郭，白水绕东城。
此地一为别，孤蓬万里征。
浮云游子意，落日故人情。
挥手自兹去，萧萧班马鸣。

注释

❶ 郭：外城，也指古代在城外修筑的一种外墙。

❷ 白水：清澈的水。

❸ 一：助词，加强语气。

❹ 别：告别。

❺ 蓬：古书上说的一种植物，干枯后根株断开，遇风飞旋，也称"飞蓬"。这里用"孤蓬"比喻孤身远行的朋友。

❻ 征：远行。

❼ 浮云游子意：曹丕《杂诗》："西北有浮云，亭亭如车盖。惜哉时不遇，适与飘风会。吹我东南行，行行至吴会。"后世用为典实，以浮云飘飞无定喻游子四方漂游。浮云，飘动的云。游子，离家远游的人。

❽ 兹：此。

❾ 萧萧：马的嘶叫声。

❿ 班马：离群的马，这里指载人远离的马。班，分别、离别。

译文

青翠的山峦横卧在城墙的北面，波光粼粼的流水围绕着城的东边。

在此地我们相互道别，你就像孤蓬那样随风飘荡，将到万里之外远游。

浮云像游子一样行踪不定，夕阳徐徐下山，似乎有所留恋。

挥挥手从此分离，那匹将要远行的马萧萧长鸣，似乎不忍离去。

点睛

仇兆鳌点评此诗道："太白诗'浮云游子意，落日故人情'对景怀人，意味深远。"诗中的"浮云"两句不仅对仗工整，而且切景切题，描绘了天边白云飘飘荡荡，一轮红日徐徐落下的寥廓场景，流露出诗人离别时的不舍，感情真挚动人。诗人以天上的"浮云"比喻远行的友人，意思是游子就像天边的浮云，任意东西，行踪不定，不知何时会停留在何地。此诗青山与白水、浮云与落日交相映衬，画面色彩美，人间温情更美。那飘荡的"白云"意象，蕴含着诗人对友人的无限情谊与无尽怀念，可谓感人肺腑。

经典诵读

关于"云"的经典名句还有很多,以下这些诗句你都可以记下来。

晴空一鹤排云上,便引诗情到碧霄。(刘禹锡《秋词(其一)》)

这两句诗描绘的不是萧瑟的秋景,而是明朗、别致的秋景,谱写了一曲非同凡响的秋歌。秋高气爽,白云飘浮,一鹤凌空,景象恢宏,气势雄浑。那孤独的鹤直冲云霄之上,展现了非凡的气势,是诗人内心不屈的化身,彰显着高尚的情操。读罢此诗,我们仿佛随着那冲向碧霄的"诗情",来到层层白云之上,感受到一种激荡人心的壮丽之美,精神也随之变得高扬,胸襟也愈加开阔。

黑云压城城欲摧,甲光向日金鳞开。(李贺《雁门太守行》)

诗句借"黑云"意象渲染兵临城下的紧张气氛,暗示军事形势危急。"压"字透露出敌方来势凶猛,我方处境艰难。从现实情况来说,敌军围城时不一定有黑云出现,这是诗人艺术化的造境造意。诗句接下来写在黑云的重压之下,日光透过云层照射到守城将士身上,使得其穿着的甲衣金光闪闪。借黑云形容敌军虎视眈眈,用日光展示守军严阵以待,情景相生,无比奇妙。诗人利用"黑云"这种自然意象营造了剑拔弩张的战争氛围,为后文描写战地的悲壮场面做好铺垫。

月下飞天镜,云生结海楼。(李白《渡荆门送别》)

哪里没有月亮,哪里没有云朵呢?这两者皆是抬头即可见的。在此句中,诗人却用这两个最常见的意象为我们营造出一个如梦似幻的场景。从夜空中俯视,一轮明月在江水中留下倒影,恍若自天宫中坠下的一面镜子,而白昼时眺望所见,则是无数变幻的云彩,如同在远方结成了海市蜃楼。月是天镜,云是海楼,诗人用浪漫的想象之笔挥洒出一幅长江近景图,带给我们无与伦比的美的享受。

远上寒山石径斜，白云生处有人家。（杜牧《山行》）

这两句诗描写诗人乘车游山时的所见所感。深秋时节，诗人沿着蜿蜒曲折的山路前行，向山上望去，隐约可见白云飘浮之处露出一些石屋石墙。此诗中的"生"字极为传神，描绘出了白云升腾、缭绕、飘浮的状态。山的海拔要足够高，才会有云雾缭绕的景象，此诗中的"白云"意象也暗示了诗人所登之山较高。但这深山不是死气沉沉的，其中的"人家"为其增加了人间的生气，而山上萦绕的白云既为其增添了一抹飘逸的仙气，又衬托出山色的苍翠，使得诗歌描绘的画面色调明快且淡雅，给人留下遐想的空间。

千里黄云白日曛，北风吹雁雪纷纷。（高适《别董大》）

这两句诗描绘送别时诗人所见的北国雪天风光，境界可谓阔远渺茫。此时虽是白昼，但黄云绵延千里，遮天蔽日，使得日光只余下一点。而当夜幕降临，呼啸的北风猛烈刮起，使得北雁加速南飞，雪花纷纷飘扬。"黄云"意象带有极典型的北方边塞地域特征，多在阴天或沙尘暴等天气出现，这也为接下来描绘"白日曛""北风""雪纷纷"等景象做好铺垫。诗人苦心酝酿，方才写出这样自然流畅的诗句。这两句诗在写景中蕴含送别的情调，谱写出一曲慷慨激昂的壮怀之歌。

大显身手

1. 飞花令：与"云"有关的诗词名句有许多，请你试着填一填。

（1）_____，一片孤城万仞山。（王之涣《凉州词二首（其一）》）

（2）远上寒山石径斜，_____。（杜牧《山行》）

（3）_____，千里江陵一日还。（李白《早发白帝城》）

（4）只在此山中，_____。（贾岛《寻隐者不遇》）

（5）曾经沧海难为水，_____。（元稹《离思五首（其四）》）

（6）行到水穷处，_____。（王维《终南别业》）

（7）长风破浪会有时，_____。（李白《行路难（其一）》）

（8）_____，只缘身在最高层。（王安石《登飞来峰》）

（9）_____，山雨欲来风满楼。（许浑《咸阳城东楼》）

（10）当时明月在，_____。（晏几道《临江仙·梦后楼台高锁》）

（11）三十功名尘与土，_____。（岳飞《满江红·写怀》）

（12）_____，甲光向日金鳞开。（李贺《雁门太守行》）

（13）半亩方塘一鉴开，_____。（朱熹《观书有感（其一）》）

（14）众鸟高飞尽，_____。（李白《独坐敬亭山》）

（15）瀚海阑干百丈冰，_____。（岑参《白雪歌送武判官归京》）

（16）_____，雁字回时，月满西楼。（李清照《一剪梅》）

（17）_____，瑞脑销金兽。（李清照《醉花阴》）

2. 诗人贾岛的《客思》云："促织声尖尖似针，更深刺著旅人心。独言独语月明里，惊觉眠童与宿禽。"请问这首诗中的"促织"（蟋蟀）意象传达出诗人什么样的情感？

七月 秋叶大鹏

秋风起，秋叶黄，秋至天高鸟南飞。

秋风是清凉的，秋叶是寂寥的。

蓝天开阔，大鹏高飞。

是为金秋。

农历七月是瓜果成熟的季节，这个月里有七月初七乞巧节，因此农历七月又称瓜月、巧月。据《礼记》记载，七月是修筑城池的时间。到了宋代，儒释道三教合流，农历七月十五发展为祭拜祖先的中元节，因此闽南、台湾地区的百姓也将农历七月称为"鬼月"。

在这个月，天气已经由热转凉，动植物也随着气温的变化展现出各种独特的行为，古人在诗词中也把自然界的变化与秋天紧密地结合起来。在这一章中，我们一起来看看自然界中带有秋天色彩的意象——"落叶"和"大鹏"。

立秋 × 叶

立秋是秋天的第一个节气。古人观察到"初候，凉风至；二候，白露降；三候，寒蝉鸣。"汉代典籍《淮南子·说山训》中写道："以小明大，见一叶落而知岁之将暮。"由于天气转变，树叶变黄、凋零，这是很多人对秋天的第一印象。

意象课堂

叶，在自然界中十分常见，它有不同的形状、大小、颜色和质感。由于叶广泛存在，它被诗人们赋予了多重含义：当叶遇上了花，代表着衬托或配合；当叶遇到了树，象征着生命和希望；当叶在水面上，那是一望无际的"莲叶何田田"；当叶飘飞在天空中，那是"山山黄叶飞"。在诗词中，"叶"最常见的意象有以下几种。

令人伤感的"落叶"

印度诗人泰戈尔曾有诗言"生如夏花之绚烂，死如秋叶之静美"。秋来叶落是一种宿命，含有一丝无奈和怅然。叶子不得不与其相依而生的枝干别离，正如人生也常有不如意。因此，"落叶"的意象是惆怅的，这份惆怅源于对斗转星移、物是人非、自然界中不可抗力的感叹，常见的类似意象还有"残叶""枯叶"等。

壮美多彩的"红叶"

秋天到来，杨树的叶子变黄，枫树的叶子变红，远远望去，一片火红橙黄的秋景蔚为壮观。这种层林尽染的绚烂，为本来略有伤感的秋景带来了一分昂扬、壮丽的色彩，令诗人由衷地感叹"我言秋日胜春朝"。

生机勃勃的"绿叶"

当春天到来时，叶子从枝头萌发，蕴含着生机与希望，这一抹绿色是拉开春之序幕的使者，是万物复苏的颜色。所以，当诗词中出现"绿叶"时，我们往往会联想到春日欣欣然的场景。"绿叶"意象常出现在吟咏春天的诗词中，为诗歌增添欣喜、欢快之感。"嫩叶""小叶"也有同样的寓意。

诗词例讲

让我们来看一首著名的咏秋诗,感受"落叶"在其中的意味。

三五七言(节选)

[唐]李白

秋风清,秋月明,
落叶聚还散,寒鸦栖复惊。
相思相见知何日?此时此夜难为情!

注释

① 聚还散:时而聚集,时而扬散。
② 寒鸦:指乌鸦。秋冬季节,乌鸦在寒冷的天气中飞翔或栖息,给人以凄凉、萧瑟之感。据《本草纲目》记载,"慈乌,北人谓之寒鸦,以冬日尤盛。"

译文

秋天的风是清凉的,秋天的月是明亮的,

落叶聚在一起,又被风吹散,原本在树枝上栖息的乌鸦也被秋风、秋月惊起。

我想念的人啊,何时才能再与你相见?在这个夜晚,这个时刻,我的相思之情难以自已!

七月·秋叶大鹏

点睛

　　这首诗在李白浩如烟海的名篇佳作之中并不算鹤立鸡群,但其独特的表现形式非常值得我们学习。诗中三言、五言、七言各两句,错落有致,增加了节奏变换的美感。由短及长的诗句仿佛是诗人的声声倾诉,把秋来伤感的心绪表现得淋漓尽致。本诗先点出秋季的自然景色,然后从风、月、叶、鸦的意象引申到离别和思念的主题,过渡自然,意境高雅,令读者感同身受,掩卷长叹。

品味过"落叶"倾诉的伤感秋韵，我们不妨将视角转向秋日层林尽染的红枫之中，感受一下"有情"的"枫叶"。

长相思·重山

[五代] 李煜

一重山，两重山。
山远天高烟水寒，相思枫叶丹。

菊花开，菊花残。
塞雁高飞人未还，一帘风月闲。

注释

❶ 烟水：雾气蒙蒙的水面。
❷ 枫叶：枫树的叶子。枫，落叶乔木，春季开花，叶子呈掌状三裂。
❸ 丹：红色。枫叶经秋季而变为红色，因此称"丹枫"。
❹ 塞雁：塞外的鸿雁，也作"塞鸿"。塞雁春季北去，秋季南来，所以古人常以之作比，表示对远离故乡的亲人的思念。
❺ 帘：帷帐，帘幕。
❻ 风月：风声月色。

译文

那重重叠叠的山啊，一重又一重。山远天高，烟云水气又冷又寒，我的相思把枫叶染成了红色。

菊花开了又败，塞外的鸿雁已经飞向南方，而远离故乡的人还没回来，帘幕外的风声月色也无情无趣。

点睛

　　李煜被誉为"词中帝王"，这不仅照应了他南唐末代君主的身份，更是对他高超文学造诣的认可。这首词以秋景写思念，选择的都是秋天的常见意象——山水、菊花、枫叶、大雁。那么，词人是如何让读者在平凡中见不平凡呢？他牢牢地抓住了"意象之变"，以变化寄托思念，点明文意。以枫叶为例，词人不仅写了枫叶的颜色由绿变丹，更进一步把这种自然界的变化与思念之情结合，说是相思染红了枫叶。李煜借由独特的想象，让文采跃然纸上，触动了读者的心弦。

经典诵读

关于"叶"的经典名句还有很多，下面这些都可以读一读，并记下来。

莫听穿林打叶声，何妨吟啸且徐行。（苏轼《定风波》）

《定风波》是一首借雨抒怀之作。词人出游遇雨，却不着急避雨，而是在雨中缓步而行，表现出他在逆境中屡屡受挫，但不畏惧、不颓废的倔强性格和博大胸怀。首句"莫听穿林打叶声"，一方面渲染雨骤风狂，另一方面又以"莫听"二字点明外物不足萦怀之意。"何妨吟啸且徐行"是对前一句的延伸，词人在雨中照常徐徐而行，而又吟啸；"何妨"二字透出一点俏皮的幽默感，体现出不惧风雨的从容和乐观。

芦叶满汀洲，寒沙带浅流。（刘过《唐多令》）

这两句呈现出一泓寒水、满目荒芦的景象。这里的"满"字和"寒"字用得妙，将萧疏的景致与词人低徊的心境交融在一起，勾勒出一幅黯淡的画面，为全词着上了一层荒凉的"底色"，不仅写出了气象萧瑟，还写出了居高临下的眺望之感，是统摄全篇的传神之笔。

停车坐爱枫林晚，霜叶红于二月花。（杜牧《山行》）

寒山、小径、白云、人家都没有令诗人动心，这枫林晚景却使他难以抑制惊喜之情。虽然寒山小村其他景物也很美，但诗人钟情的却是枫林，于是水到渠成，点明自己喜爱枫林的原因是"霜叶红于二月花"。前面的描写都是为这一句所做的铺垫和烘托。"红于"二字表明，在诗人心中，经霜的红叶是春花所不能比拟的，因为它不仅色彩更鲜艳，而且更耐寒，是诗人精神世界的表露和个人志趣的寄托。

浔阳江头夜送客，枫叶荻花秋瑟瑟。（白居易《琵琶行》）

这两句诗写的是琵琶女出场前的时间和环境，这是一个枫叶红、荻花白、秋风瑟瑟的夜晚。诗句交代了地点——浔阳江头，交代了背景——

诗人给他的朋友送别。"枫叶"在这里渲染了秋夜的寂寞，衬托出离别的惆怅。

  风波不信菱枝弱，月露谁教桂叶香。（李商隐《无题》）
  这两句诗以客观事物来影射主观感情：月下露珠，谁会滋润桂叶，让其吐出馨香？诗句流露出无可依靠、无所寄托的幽怨。意象具体而鲜明，但象征的意味相当隐晦，可能是抒写那个女子在长夜无眠时的慨叹，可能是暗示女主人公的不幸遭遇，也可能是诗人自伤身世。

  一叶叶，一声声，空阶滴到明。（温庭筠《更漏子·玉炉青》）
  词人通过"叶叶"和"声声"的重复使用，营造了一种连绵不绝、细碎而清晰的听觉意象，表现了秋雨打在梧桐叶上的声音，以及这些声音在空旷的台阶上回响直至天明的景象。这里的"叶"和"声"不仅是自然元素，更是情感的载体，传递出深夜的孤寂与离愁。"空阶"则进一步强化了这种孤独感，因为"空"字暗示了空间的空旷与人的孤独。这句词通过自然意象与情感的结合，传达了一种深沉的秋夜怀人之情，以及对时间流逝的无奈感受。

  碧云天，黄叶地，秋色连波，波上寒烟翠。（范仲淹《苏幕遮》）
  词人笔下是一派秋色：湛湛蓝天，嵌缀朵朵碧云；茫茫大地，铺满片片黄叶。无边的秋色绵延伸展，融入流动不息的江水；波光浩渺的江面，笼罩着寒意凄清的烟雾，一片空濛，一派青翠。这幅秋景图物象典型，境界宏大，气象空灵，画笔难描，更妙在内蕴个性，中藏机巧，因而不同凡响。秋景之寥廓苍茫、绵延不绝，与忧思之悠悠无穷息息相通。

处暑 × 鹏

关于处暑时节,《月令七十二候集解》中的记载是"处,止也,暑气至此而止矣",表示在这个时节,炎热的日子即将过去,我国大部分地区的气温逐渐下降。关于此时的物候,古人观察到"初候,鹰乃祭鸟;鹰,杀鸟。不敢先尝,示报本也。"自此日起,鹰感知到秋之肃气,开始大量捕猎鸟类,并且先陈列如祭而后食。然而,鹰并不是古人心中最大、最威猛的鸟。有一种鸟"其翼若垂天之云",它就是鹏。

意象课堂

说起"鹏",我们首先想到的可能是《庄子·逍遥游》中的描述:"鹏之徙于南冥也,水击三千里,抟扶摇而上者九万里,去以六月息者也。"关于"鹏"究竟是什么鸟,有多种解释。一种说法认为,根据《说文解字》等古籍记载,"鹏"是"凤"的古字,也代表着凤凰,用"朋"作为偏旁,意为群鸟之王;另一种说法认为,"鹏"就是自然界中的鹰、雕等猛禽经过艺术加工后的形象,其意象多用于比喻人,分为以下几种:

志在天空的大鹏

相传,大鹏是一种强壮、威猛的罕见鸟类,在文学作品中,其意象常用来比喻有才能的人。由于大鹏可以在高空中自由飞翔,这一意象也常用来代指有远大志向的人。如果赞扬一个人是千里马,那只是称赞其才干,而如果夸赞一个人是大鹏,则是对其才能、品德、志向等多个方面的肯定和鼓励。

一展抱负的"鹏飞"

春秋战国时齐威王有"不鸣则已,一鸣惊人"的典故。《史记·滑稽列传》进一步引申为:"此鸟不飞则已,一飞冲天;不鸣则已,一鸣惊人。"后来,人们便用"一飞冲天"形容人在志向实现后境遇改善,志得意满。这些说法都涉及"飞",如果把"飞"和"鹏"的意象结合起来,就是"鹏飞",指一个人有机会施展自己的才华,这是古人梦寐以求的时刻。

助力腾飞的"鹏风"

如果说成功需要机会和自身努力的结合,那么对于大鹏来说,助其飞向苍天的风就是最重要的机会。正如前人所说的"好风凭借力,送我上青云",在没有风的时候,大鹏难以高翔于九天之上。因此,这风对于如同大鹏一样有才能的人来讲,代表着必不可少的助力和机缘。

诗词例讲

李白是一位非常喜欢并善于运用"鹏"这一意象的诗人,让我们来看一篇他的代表作,感受"大鹏"在其中的含义。

上李邕

[唐] 李白

大鹏一日同风起,扶摇直上九万里。
假令风歇时下来,犹能簸却沧溟水。
世人见我恒殊调,闻余大言皆冷笑。
宣父犹能畏后生,丈夫未可轻年少。

注释

❶ 上:呈上。
❷ 李邕(678—747):字泰和,广陵江都(今江苏省扬州市江都区)人,唐代书法家、文学家。
❸ 扶摇:由下而上的大旋风。
❹ 假令:假使,即使。
❺ 簸却:激起。
❻ 沧溟:大海。
❼ 恒:常常。
❽ 殊调:不同流俗的言行。
❾ 余:我。
❿ 大言:言谈自命不凡。
⓫ 宣父:即孔子,唐太宗贞观十一年(637)诏尊孔子为宣父。

❷ 丈夫：古代男子的通称，此指李邕。

译文

大鹏乘风飞起，随着大旋风冲上万里高空。

即使是风减弱时大鹏降落下来，也还能在大海上激起波浪。

世间的人看我常有不同流俗的言行，听到我言谈之间的自命不凡都以冷笑待之。

孔夫子还会感叹后生可畏，您可不能因为我年纪轻就看不起我。

点睛

在诗人辈出的盛唐，李白因其超凡脱俗的才情被称为"谪仙人"，纵观李白的一生，如果说性格决定命运，那么他就像是一只大鹏，怀有冲天之志，却始终未等到"扶摇"巨风。在这首诗中，李白以大鹏自比，首先写明大鹏能力不凡，乘风可以凌于高天，落水也能激起巨浪。之后，笔锋一转，写自己目前在凡俗世间郁郁不得志，最后点出内心想法，希望得到大人物的重视，也就是大鹏飞起所需的风。然而，文章憎命达，李白一直未等到那阵风的到来。

在现当代，又有一位气吞寰宇的诗人善用"鲲鹏"这一意象，他的作品大气磅礴，读后令人心生万丈豪情。

蝶恋花·从汀州向长沙

毛泽东

六月天兵征腐恶，万丈长缨要把鲲鹏缚。
赣水那边红一角，偏师借重黄公略。

百万工农齐踊跃，席卷江西直捣湘和鄂。
国际悲歌歌一曲，狂飙为我从天落。

注释

❶ 蝶恋花：词牌名，出自唐教坊曲，双调，分上下两阕，上下阕同调，押仄声韵，共六十字，前后片各四仄韵。

❷ 汀州：古时州名，州治在今闽西长汀县。

❸ 天兵：指红军。

❹ 征腐恶：指征讨腐朽凶恶的国民党军阀。

❺ 长缨：长绳索。汉武帝时终军出使南越，请授长缨，说要把那里的国王缚住带回来。

❻ 鲲鹏：通常是褒义词，这里作贬义用，指巨大的恶势力。

❼ 赣水那边红一角：指赣西南的赣江流域黄公略率领的红六军所建立的根据地。

❽ 偏师：配合主力作战的部队。

❾ 黄公略：湖南湘乡人。1927年参加中国共产党。曾任中国工农红军第五军副军长、第三军军长。1931年9月，在江西省吉安的东固地区行军中遭敌机扫射牺牲。

❿ 踊跃：奋起刺击。汉代刘熙《释名》卷四《释言语》："勇，踊也，遇敌踊跃，欲击之也。"
⓫ 湘和鄂：湘指湖南，鄂指湖北。
⓬ 国际悲歌：指国际歌。
⓭ 狂飙：疾风。这里形容正在兴起的革命风暴。

译文

红军战士如同天兵天将，在六月份向反动派发起了进攻，要用绳索把邪恶势力牢牢制服。他们在江西赣江流域建立了一片红军根据地，这一支配合主力的部队由黄公略带领。

许许多多工人和农民都踊跃参加革命，势头席卷了江西，蔓延到湖南、湖北地区。人民唱着国际歌，革命风暴从天而降，势不可当。

点睛

诗人熟读古代经典，将天马行空的想象与浩如烟海的典故完美结合，使其作品体现出极具感染力的艺术特点。与常见的以鲲鹏自比或者将其用作褒义不同，这里的鲲鹏是邪恶势力的代表。为什么要这样写呢？一是因为诗人认为反动派看似强大，实则虚弱；二是因为诗人对于斗争形势持谨慎的态度，从不轻视任何敌人。纵观全词，诗人并未卖弄学识，强行引用典故，而是把文字与现实巧妙结合，既有文学美感，又有宣传效果。

经典诵读

关于"鹏"的经典名句还有很多，下面这些都可以读一读，并记下来。

霜蹄千里骏，风翮九霄鹏。（杜甫《赠特进汝阳王二十韵》）

这是一首应酬诗，虽不能体现杜甫一贯的忧国忧民的感情，但也很好地展示了诗圣的艺术造诣。这两句诗用世人耳熟能详的千里马、大鹏鸟做比喻，充分表达了对汝阳王李琎的赞美，其精妙的对偶也体现了娴熟的文字功底。由此可见，在唐人心中，大鹏与千里马一样，都是大才之人的代名词。

安能羡鹏举，且欲歌牛下。（高适《苦雪四首》）

诗人在经历坎坷后，多了一份心向田园的从容。大鹏飞到九霄之上是人人都羡慕的，然而并不是人人都能实现青云之志，如果没有实现理想的机会，不如就做一个放牛郎，在田野间放歌。这一份出世之心可能是每一个中国古代文人失意之时都会发出的感叹。

云垂大鹏翻，波动巨鳌没。（李白《天台晓望》）

古人的心中充满了对大自然的敬畏，他们不仅将一些自己不能理解的自然现象视若神明，同时也会为一些自然现象赋予生命，体现其中"天人交感"的思想。在诗仙的眼中，巨大的动物与自然就是相生相容的：彤云起伏，是大鹏在翻动它的翅膀；海浪翻滚，是巨大的海龟在舞动它的身躯。千年以后，我们仍然能够从文字之中感受到人与自然的和谐共处。

鹏翼垂空，笑人世，苍然无物。（辛弃疾《满江红·建康史帅致道席上赋》）

词人以大鹏比人，歌颂史氏的高才独出、志向奇壮。而且为了体现其不同于世人的能力和志向，对大鹏进行拟人化，一是说大鹏的羽翼从空中高高垂下，这就超过了一般的鸟儿；二是大鹏从高空往地下看，看到了世间的林林总总，这些与自己相比都只是俗人、俗物、俗世，将大鹏的超然不群表现得淋漓尽致。

鲲鹏展翅，九万里，翻动扶摇羊角。（毛泽东《念奴娇·鸟儿问答》）

李白在《大鹏赋》序中曾言"因著大鹏遇希有鸟赋以自广"，就是说因为大鹏是一种稀有的鸟，所以被自认为有才能的文人拿来比喻自己。毛主席这几句词也有类似之意，歌颂鲲鹏展翅高飞万里，扇动翅膀时带动的风可以形成龙卷风，体现了吞吐天地的大气魄。

图南未可料，变化有鲲鹏。（杜甫《泊岳阳城下》）

诗人化用《庄子·逍遥游》中的典故，用"图南"代指自己的理想和目标，提出在实现目标的路上，需要经历鲲鹏之变。那么，什么是鲲鹏之变呢？在古人看来，有才能的人在机遇来临之前，要不断磨砺自身，就像是海中的大鱼，潜龙在渊；一旦抓住机遇，就可以一飞冲天，像大鹏一样展开翅膀，向着理想前进。

九万里风鹏正举。风休住，蓬舟吹取三山去。（李清照《渔家傲》）

李清照在这首词中一改婉约之风，以丰富的想象勾勒寥廓的意境，表达自己的大鹏高飞之志，充满了浪漫主义色彩。"蓬舟"，像飞旋的蓬草那样轻快的小舟。"三山"，指传说中的蓬莱、方丈、瀛洲三座海上仙山。在词人的想象中，风正劲，是能够让大鹏飞起的风，是能够助她梦想成真的风。在风的帮助下，她乘着小舟前往仙境，与仙人为伴。

大显身手

1. 请判断以下诗句中出现的"叶"分别属于哪个季节。

（1）谁念西风独自凉，萧萧黄叶闭疏窗，沉思往事立残阳。（纳兰性德《浣溪沙》）

（2）狂风落尽深红色，绿叶成阴子满枝。（杜牧《怅诗》）

（3）池上碧苔三四点，叶底黄鹂一两声。（晏殊《破阵子》）

（4）雨中黄叶树，灯下白头人。（司空曙《喜外弟卢纶见宿》）

（5）枫林飒飒凋寒叶，汀苹败蓼遥相接。（赵长卿《菩萨蛮》）

2. 下面这首词中"夜来西风里，九天鹏鹗飞"中"鹏"的意象有什么作用？

金字经

[元] 马致远

夜来西风里，九天鹏鹗飞。困煞中原一布衣。

悲，故人知未知？登楼意，恨无上天梯！

【注释】

❶ 金字经：南吕宫曲牌，又名《阅金经》《西番经》，亦可入双调，定格句式为五五七、一五、三五，七句七韵。南吕宫为十二宫调之一。

❷ 西风：古代的五行学说认为，西方属金，主秋天，所以用西风象征秋天。

❸ 九天：九重天，极言天之高远。

❹ 鹏鹗（è）：均属鹰类，此以自谓。鹏，一作"雕"。

❺ 中原：泛指黄河中、下游地区。

❻ 布衣：指平民百姓。

❼ 登楼意：东汉末年王粲依附荆州刺史刘表，不被重用，郁郁不乐，曾登湖北当阳县（今湖北省当阳市）城楼，并作《登楼赋》以明志抒怀。

❽ 上天梯：指进身为官的阶梯。

八月 鸿雁明月

秋意浓浓，大雁南飞。
月儿弯弯，游子思乡。
春来雁回，桂开月满。
人团圆时，得偿所望。

  农历八月，也被称为仲秋、桂月、建酉之月（鸡月），是收获的时节。各种成熟的农作物和果实为万物提供了丰富的滋养。与此同时，日渐寒凉的天气也预示着冬天已经不远。当我们看到飞向南方过冬的大雁、中秋节晚上的月亮，可能会有很多诗词浮现在脑海之中，如"戍鼓断人行，秋边一雁声。露从今夜白，月是故乡明。"让我们一起来探寻秋天独有的诗词意象，以及这些意象背后的含义和情感。

白露 × 雁

　　白露是二十四节气中的第十五个节气。这时，天气渐渐转凉，寒生露凝，古人观察到"鸿雁来"的景象："鸿大雁小，自北而来南也，不谓南乡，非其居耳。"

意象课堂

"雁"是诗词中常见的意象。千百年来，在诗人的笔下，鸿雁承载着无数的悲欢离合，衍生出丰富的文化内涵。

归雁

说到雁，我们马上就能联想到思乡怀亲或羁旅伤感之情，这是雁最重要的意象，在诗词中常用"归雁"一词来表达。每到春秋季节，人们都能看到大雁排成各种各样的雁阵，飞向它们的目的地，因此，雁就成了漂泊在外的游子思念家乡的一种寄托。

鸿雁

鸿雁作为书信的代称，最为人熟知的典故是《汉书·苏武传》中的记载。汉武帝时，使臣苏武被匈奴拘押在北海苦寒地带多年。汉朝派使者向匈奴要求释放苏武，匈奴单于却谎称苏武已死。这时有人告诉汉使事情的真相，并给他出主意，让他对匈奴说汉皇在上林苑射下一只大雁，这只雁足上系着苏武的帛书，证明他仍然活着，只是受困。这样，匈奴单于再也无法谎称苏武已死，只得让苏武归汉。后来，人们就用鸿雁比喻书信和传递书信的人。这就是"鸿雁传书"的由来。

孤雁

孤雁也称断鸿或断雁。古人认为，大雁是不能够单独生活的，需要与同伴相随，而且大雁一生之中的伴侣是固定的。所以，很多诗人都会由孤雁联想到漂泊异乡、孤独寂寞的自己，抒发离别相思之苦。据说，大雁成群结队地栖息或飞翔时是不鸣叫的，鸿雁鸣叫意味着离群。所以古诗文中写孤雁离群常从鸣叫声入笔。

给少年的诗词点睛课·意象十二讲

诗词例讲

让我们一起来读一篇著名的送别诗,感受"雁"在其中的含义。

别董大

[唐] 高适

千里黄云白日曛,
北风吹雁雪纷纷。
莫愁前路无知己,
天下谁人不识君?

注释

❶ 董大:指董庭兰,是当时有名的音乐家,在其兄弟中排行第一,故称"董大"。

❷ 黄云:天上的乌云,在阳光下,乌云是暗黄色,所以叫黄云。

❸ 白日曛(xūn):太阳黯淡无光。曛,即曛黄,指夕阳西沉时的昏黄景色。

❹ 谁人:哪个人。

❹ 君:您,这里指董大。

译文

千里黄云遮住了天空,令太阳黯淡无光,
北风劲吹,刚送走雁群,又迎来纷纷扬扬的大雪。
不要担心前方的路上没有知己,
天下哪有人不认识您呢?

八月·鸿雁明月

点睛

　　开头两句写景，落日黄云，旷野苍茫，唯北方冬日有此景象。叙眼前景色，写别离心绪，故能深挚悲壮。日暮黄昏，大雪纷飞，于北风狂吹中，唯见遥空断雁，出没寒云，使人不禁生出日暮天寒、游子何去之感。头两句虽未说明主旨，已使人如置身风雪之中，似闻山巅水涯有壮士长啸。

　　后两句是对朋友的劝慰：此去你不要担心遇不到知己，天下哪有人不知道您董庭兰啊！话说得多么响亮、多么有力，充满了信心和力量，激励朋友抖擞精神去奋斗、去拼搏。

　　诗人在即将与友人分手之际，全然不写千丝万缕的离愁别绪，而是满怀激情地鼓励友人踏上征途，迎接未来。"雁"在其中既点出了地点，又表明了离别的主题，是本诗的核心意象。

接下来，我们再来看一看，当"雁"作为景色的一部分时，会给诗歌带来怎样的氛围感。

塞下曲（其三）

[唐] 卢纶

月黑雁飞高，
单于夜遁逃。
欲将轻骑逐，
大雪满弓刀。

注释

1. 塞下曲：古时边塞的一种军歌。
2. 月黑：没有月光。
3. 单于（chán yú）：匈奴的首领。这里指入侵者的最高统帅。
4. 遁：逃走。
5. 将：率领。
6. 轻骑：轻装快速的骑兵。
7. 逐：追赶。
8. 满：沾满。

译文

在没有月亮的夜晚，大地一片昏暗，突然间，大雁纷纷高飞而去，原来是敌人的首领要趁着黑夜带领部下逃跑，使大雁受到了惊吓。将军准备率领骑兵去追赶他们，
但是军士们的身上、马上，连弓箭和长刀上，都已经覆盖了一层厚厚的雪。

点睛

诗由写景开始,"月黑雁飞高"这样的景是难以刻画的:"月黑"则茫无所见,"雁飞高"则无迹可寻;雁飞且飞得高,是由其声音觉察到的。这样的景,并非眼中之景,而是意中之景。雪夜月黑,本不是雁飞之时。而宿雁惊飞,正暗示了敌人正在行动。寥寥五字,既交代了时间,又烘托了战斗前的紧张气氛,直接逼出下句"单于夜遁逃"来。单于本是古匈奴的君主,这里借指敌军统帅。敌军在夜间行动,应当有各种可能。然而诗人只说是"单于夜遁逃"。读诗至此,顿觉一股豪迈之情扑面而来。敌人夜间行动,并非率兵来袭,而是借夜色的掩护仓皇逃遁。诗句语气肯定,判断明确,充满了对敌人的蔑视和我军必胜的信念,足以令读者为之振奋,于上句营造的神秘气氛中,发一惊采。敌酋遁去,我军纵兵追擒,这是自然的发展。

细心的读者会发现,本节"诗词例讲"选取的这两首诗中都出现了"雪"和"雁",由此我们便知,鸿雁在古代除了与秋天相关,也与北方特别是边塞苦寒之地紧密相连。因此,在以边塞为主要地点的送别诗和战争诗中,"雁"的意象经常出现。

经典诵读

关于"雁"的经典名句还有很多,下面这些都可以读一读,并记下来。

长风万里送秋雁,对此可以酣高楼。(李白《宣州谢朓楼饯别校书叔云》)

"雁"的意象与长风、秋空相结合,构成了一幅寥廓的秋日图景。这里描绘的"雁",不仅仅是自然界中的候鸟,更是诗人情感的载体,被李白赋予更为壮阔的意象,它在万里长风中翱翔,展现了一种超越世俗束缚的力量和精神。雁群高飞,象征着诗人内心的逸兴壮思,以及对高洁理想境界的向往追求。这种意象与诗人豪放的性格相呼应,表达了诗人面对广阔天地时的豪情壮志和对自由生活的无限憧憬。

孤雁不饮啄,飞鸣声念群。(杜甫《孤雁》)

这是一只悲伤而执着的孤雁:它不饮不啄,只是一个劲儿飞着、叫着,追寻它的同伴。诗人同情失群的孤雁,其实也是融入了自己的思想感情。经历了安史之乱,在那动荡不安的年月里,诗人流落他乡,亲朋离散,天各一方,可他无时不渴望骨肉团聚,无日不梦想旧友重逢。这孤零零的雁儿,寄寓了诗人自己的影子。

戍鼓断人行,秋边一雁声。(杜甫《月夜忆舍弟》)

诗中"雁"与边塞结合,沉重单调的鼓声和天边孤雁的叫声不仅没有带来一丝生气,反而使本就荒凉不堪的边塞显得更加冷落沉寂。我们可以把这种意象称为"边塞雁",其与《塞下曲》中的"雁"类似,都是用来描写景色苦寒的。

塞下秋来风景异,衡阳雁去无留意。(范仲淹《渔家傲·秋思》)

"衡阳雁"是古代诗词中的经典意象,与"雁不过衡阳"的观念有关。古人认为衡山是"中国"的最南端，位于衡山七十二峰最南面的回雁峰即是九州南端之极点，进而认为鸿雁栖居于衡阳的回雁峰而不再南飞。早期的诗文中均会将"衡阳"与"雁门"对举，所以"衡阳雁"与"边塞雁"相对，也是在说大雁难以忍受边塞苦寒，所以南飞，从而引申出思乡之情。

谁见幽人独往来，缥缈孤鸿影。（苏轼《卜算子·黄州定慧院寓居作》）

孤鸿遭遇不幸，心怀幽恨，惊恐不已（对应后一句"惊起却回头，有恨无人省"），拣尽寒枝不肯栖息，只好落宿于寂寞荒冷的沙洲（对应这首词的最后一句"拣尽寒枝不肯栖，寂寞沙洲冷"）。这里，苏轼以象征手法，匠心独运地通过鸿雁的孤独缥缈、惊起回头、怀抱幽恨和选求宿处，以拟人化的手法表现孤鸿的心理活动，把自己的主观感情加以物化。词中的"孤鸿"既有孤独寂寞，又增添了一份高洁超然，表达了词人贬谪黄州时期的孤寂处境和高洁自许、不愿随波逐流的心境。

目送归鸿，手挥五弦。俯仰自得，游心太玄。（嵇康《赠兄秀才入军》）

诗人一边若有所思地目送南归的鸿雁，一边信手抚弹五弦琴。他神游于天地自然之中，随时随地都对自然之道有所领悟。这里的"归鸿"高高飞翔在天空之上，仿佛飘然出世、心游物外的神仙，传达出一种悠然自得的哲学意味。

云中谁寄锦书来？雁字回时，月满西楼。（李清照《一剪梅》）

李清照笔下的"雁"不仅承载着离别与相思的复杂情感，也反映了她对时光流转和人生聚散的深刻感悟。"雁字回时"暗示着远方亲人的归来或音信的传递，雁群的归来象征着离人的归期，给人以期待和希望。"月满西楼"的意象与"雁字回时"相呼应，营造了一种凄美而深沉的意境。在月光满楼的夜晚，词人独自等待，期盼着那如同雁群般归来的亲人或书信，这种等待既充满了对团聚的渴望，也透露出一种难以言说的孤独和哀愁。

秋分✕月

秋分曾是古老的"祭月节",中秋节则是由传统的"秋分祭月"演变而来的。据考证,最初"祭月节"定在干支历二十四节气中的秋分这天,不过由于在历史发展中历法融合,后来将"祭月节"调至阴历八月十五日,形成了现在的中秋节。

意象课堂

月亮是距离地球最近的天体。在晴朗的夜晚，人们一抬头，便可清晰地看见它。古人对这个有阴晴圆缺变化的事物产生了极大的好奇，在望月时生出万千思绪。

跨越空间之"月"

古人发现，各个地方的人在晴朗的夜晚都能看到月亮。因此，从空间上考虑，他们以月亮来寄托对于远方之人的思念。当诗人客居他乡，思念亲人朋友却无法相见时，天空中那同一轮明月就成了情感的中转站，它可以跨越时空。对戍守边疆的征夫、独处闺中的思妇而言，"月"是他们的一种寄托和幻念，千里相共，愿随孤月，流照亲人。诗人们利用这种情结，自由地创造了"月"和边塞相行相随、相抚相慰的空间美。

跨越时间之"月"

月升月落，月圆月缺，月相变化无常，又周而复始。月光是流逝的，月光的流逝在生命的时间中展开，因而古人常以"月"的意象感怀生命和岁月的流逝。人生在世不过几十载，而明月却不知已高照了多少年。望月抒怀，难免思绪飞扬，此时文人墨客就会以明月象征时空的永恒。人们将千古感慨系之于月，引发对人生哲理的探求，对宇宙的浩瀚无际、时空的苍茫无限与人生的短暂渺小等人生课题做出审视和思考。

圆缺变化之"月"

在自然界中，月的阴晴圆缺与圆满、欠缺等事物异质同构。因而，诗人笔下的"月"便常常与悲欢离合的情感相联系。诗人的心境不同，"月"这一意象表现出的意蕴也往往千差万别：或幽静、或纯洁、或永恒、或凄凉……同时，月光的柔情无限让人联想到女性的温柔，于是有人以明月象征美人和纯洁的恋情。

诗词例讲

提到与"月"有关的诗词,大家的第一反应可能都是李白的这首《静夜思》。

静夜思

［唐］李白

床前明月光,
疑是地上霜。
举头望明月,
低头思故乡。

注释

❶ 静夜思:在静静的夜里产生的思绪。
❷ 床:其含义颇具争议,有卧具、井栏、坐具(胡床)等说法。通行解释是指卧具,其二是指井栏,类似"绕床弄青梅"的"床";其三是坐具胡床,现代人常为古代文献或诗词中的"胡床"或"床"所误。至迟在唐时,"床"仍然是"胡床"。
❸ 疑:好像。
❹ 举头:抬头。

译文

明亮的月光洒在床前,
好像地上泛起了一层白霜。
我抬起头来,看见窗外空中的一轮明月,
便禁不住低头沉思,思念起远方的家乡。

八月·鸿雁明月

> **点睛**
>
> 　　秋月是分外明亮的，然而它又是清冷的。对孤身在外的游子来说，秋月最容易触动旅思秋怀，使人感到客况萧条，年华易逝。凝望着月亮，也最容易使人产生遐想，想到故乡的一切，想到家里的亲人。诗人想着想着，头渐渐地低了下去，便完全陷入沉思之中。
>
> 　　诗人通过奇特的想象，将皎洁的月光疑作地上的秋霜，这一"疑"字引出下句举头望月、低头思乡的深情。"望"字照应了前句的"疑"字，表明诗人已从迷蒙转为清醒，他翘首凝望着月亮，不禁想起此刻他的故乡也正处在这轮明月的照耀下，于是自然引出了"低头思故乡"的结句。
>
> 　　通常在一首诗中，同一个字或词反复出现常被认为是败笔，而在李白的这首诗中，"明月"一词在短短四句之中两次出现，上句中是景，下句中是物，而在前面是与"霜"相对，一个在天一个在地；后面是与故乡相对，一个在眼前，一个在心头。更进一步，诗人在孤独之中看着月亮，实际上是人与月相对，充分用"月"这一意象表达思乡的感情。

接下来，我们再来看一下当"月"的时间意象与空间意象结合时，会产生什么效果。

水调歌头

［宋］苏轼

丙辰中秋，欢饮达旦，大醉，作此篇，兼怀子由。

明月几时有？把酒问青天。不知天上宫阙，今夕是何年。我欲乘风归去，又恐琼楼玉宇，高处不胜寒。起舞弄清影，何似在人间。

转朱阁，低绮户，照无眠。不应有恨，何事长向别时圆？人有悲欢离合，月有阴晴圆缺，此事古难全。但愿人长久，千里共婵娟。

注释

❶ 宫阙：宫殿。
❷ 归去：回到天上去。
❸ 琼楼玉宇：美玉砌成的楼宇，指想象中的月中仙宫。
❹ 不胜：经受不住。胜，承担、承受。
❺ 弄清影：指月光下的身影也跟着做出各种舞姿。弄，赏玩。
❻ 何似：哪里比得上。
❼ 朱阁：朱红色的楼阁。
❽ 绮户：雕花的门窗。
❾ 何事：为什么。
❿ 此事：指人的"欢""合"和月的"晴""圆"。

⑪ 但：只。
⑫ 婵娟：本意指妇女姿态美好的样子，这里指月亮。

译文

明月是从什么时候开始出现的？我举起酒杯遥问青天。不知道在月亮上的宫殿里，今晚是什么日子。我想乘着清风回到那月宫去，却又怕那美玉砌成的楼宇太高了，不能承受那里的寒冷。起身翩翩起舞，玩赏着月光下自己清朗的身影，归返月宫哪里比得上在人世间。

月儿移动，转过了朱红色的楼阁，低低地挂在雕花的窗户上，照着没有睡意的我。明月应该不会对人们有什么怨恨吧，为什么偏在人们分离时才圆满呢？人生本就有悲欢离合，月亮常有阴晴月缺，想要在人团圆时月亮也正好圆满，这种事自古以来都难以周全。只希望这世上所有人的亲人都健康平安，纵使相隔千里也能一起欣赏这美好的月光。

点睛

月亮是大自然中具有浪漫色彩的事物，清冷的月光、多变的姿态都容易引起人们的艺术想象。一弯新月让人联想到初生的事物，一轮圆月让人联想到美好的团圆生活，月亮的皎洁明亮则让人想到光明磊落的品格，"月"这一意象集中了人类无限美好的憧憬和理想。苏轼是一位性格豪放、气质浪漫的文学家。当他抬头遥望中秋明月时，他的思想和情感就像长上了翅膀，在天上人间自由翱翔。这种豪放洒脱的情感反映到他的词中，形成了独特的风格。

本词是苏轼的代表作之一。从艺术成就上看，它构思独特，极富浪漫主义色彩，是历来公认的中秋词中的绝唱；从表现形式来说，词的前半部分描写了传说，推陈出新，是对魏晋六朝仙诗主题的发展；后半部分则以白描的方式描绘了人月之间的景象。全词布局独特，上半部分高屋建瓴，下半部分峰回路转，最后以虚实交错、百转千回的手法，表达了归去"天上"与起舞"人间"、出世与入世的矛盾和困惑，以及旷达自适、人生长久乐观的美好愿望。全词立意高远，构思新颖，意境清新如画，情韵兼胜，境界壮美，具有很高的审美价值，是词人情怀的自然流露。

经典诵读

关于"月"的经典名句还有很多，下面这些都可以读一读，并记下来。

日月之行，若出其中；星汉灿烂，若出其里。（曹操《观沧海》）

诗人借助宏大而悠远的时空，写出了心中的壮志豪情。他先将大海的气势和威力呈现在读者面前，再进一步通过丰富的联想表现出博大的胸怀、开阔的胸襟和远大的抱负，暗含一种要像大海容纳万物一样，把天下纳入自己掌中的雄心壮志。

海上生明月，天涯共此时。（张九龄《望月怀远》）

遥望同一明月，共寄两处相思。当诗人客居他乡，远在外地，思念亲人朋友却无法相见时，夜空中的同一轮明月就成了情感的中转站。远游他乡的中华儿女在望向月亮时，都会想起这句思乡名句。

举杯邀明月，对影成三人。（李白《月下独酌》）

花间月下独饮，本是寂寞的，但诗人却运用丰富的想象，把明月也当作一个人，举杯邀它对饮。月虽然不懂饮酒的畅快，却让影子伴"我"左右。诗人想与月永结为忘情之友，相约在遥远的银河岸边继续对饮。

小时不识月，呼作白玉盘。（李白《古朗月行》）

诗人把月亮比作"白玉盘"，生动地表现出月亮的形状和月光的皎洁可爱，形象生动，新颖有趣，传达出孩童的天真烂漫之态。诗句看似信手写来，却是情采俱佳。

明月出天山，苍茫云海间。（李白《关山月》）

在李白笔下，月色总是雄奇壮美的，一轮皎洁的明月穿透层层云海，照耀着连绵不绝的群山，一幅大好河山的水墨画卷就这样展现在我们的面前。明月与云海结合，体现了诗人超然卓群的气魄和胸怀天下的境界。

人生得意须尽欢，莫使金樽空对月。（李白《将进酒》）

这两句诗看似是在宣扬及时行乐的思想，然而我们转念一想，追求肤浅享乐的人怎会把酒杯与明月相对？我们能够深深地感受到诗人内心难以言状的无奈和痛苦，从而确信其心中一定有着超然脱俗的高洁理想。

深林人不知，明月来相照。（王维《竹里馆》）

这两句诗写诗人的内心世界无人能理解，虽然"我"现在一个人坐在这里很久也没人知道，但"我"也不孤单，因为有明月来陪伴"我"。此刻，明月的皎洁与诗人的高洁融为一体。起句写"人不知"，结句写"月相照"，可谓前后呼应。

江畔何人初见月？江月何年初照人？人生代代无穷已，江月年年望相似。（张若虚《春江花月夜》）

宇宙何时产生？明月又高悬了多久？诗人无从得知。相比之下，个体的生命是何其短促！然而，就人类整体而言，生命是代代相传、无穷无尽的，因而能与明月共存。这是对明月的时空感的思索，更是对人类生生不息的感慨。

二十四桥明月夜，玉人何处教吹箫。（杜牧《寄扬州韩绰判官》）

"明月夜"三字，简洁而富有画面感，月光洒在二十四桥上，桥影婆娑，水波粼粼，营造出一种既宁静又略带忧伤的氛围。这种氛围与诗人内心的孤独和对友人的思念相呼应。同时，"月"承载着时空的转换和历史的沉淀，唤起对古扬州繁华景象的回忆。诗人通过提问"玉人何处教吹箫"，将读者的思绪引向远方，使得"月"的意象更加深远，构建了跨越时空的对话。这里的"玉人"可能指的是韩绰，也可能是指扬州的歌女，无论是谁，都增添了一种朦胧美和距离感，使得诗句中的"月"意象更加丰富和立体。

大显身手

1. 晏殊的《浣溪沙》中，"无可奈何花落去"的下句是（　　）。
   A. 似曾相识鸟归来
   B. 似曾相识燕归来
   C. 似曾相识雁归来

2. 唐代张若虚《春江花月夜》中"鸿雁长飞光不度，鱼龙潜跃水成文"的"鸿雁"意象表达了什么样的情感？

3. 情景填空

   中秋佳节，皓月当空。那一轮圆月被黄灿灿的月晕衬托着，月光如透明的薄纱，朦朦胧胧地笼罩在大地上。清风拂面，不由得撩动我思乡的情怀：离别故土几载，家乡的亲人可好？这时，为了寄托对家乡亲人的祝福和思念，我们可以说："＿＿＿＿＿＿，＿＿＿＿＿＿，此事古难全。但愿人长久，千里共婵娟。"

4. 飞花令

   李白是最擅长写月的诗人，在他的诗中，"月"字可以出现在诗句中的任意地方。请将以下五句李白的诗补全。

   （1）月□□□，云生结海楼。
   （2）□月□□，苍茫云海间。
   （3）□□月□，我舞影零乱。
   （4）□□□月□，疑是地上霜。
   （5）□□□□月，万户捣衣声。

九月 秋菊醉人

深秋是什么?
是"碧云天、黄花地",
是寒风与落叶,
是生命怒放之后的凋零。

农历九月,又称季秋、暮秋、菊月。这个月份秋高气爽,菊花绽放,正是收获的季节。《易经》之中以数字九代表阳,九月初九故名"重阳"。重阳节是登高望远、会友赏菊的好日子。

寒露 × 菊花

寒露代表着天气渐凉，古人观察到这个节气树叶上的露珠晶莹有凉意，故得名。我国古代将寒露分为三候："初候，鸿雁来宾；二候，雀入大水为蛤；三候，菊有黄华"。菊花在深秋盛放，成为秋天一道独特的风景，也成为古诗词中关于秋天必不可少的意象。

意象课堂

菊花，古人评价它是"诸花皆不言，而此独言之，以其华于阴而独盛于秋也。"菊花不像牡丹那样富丽，也没有兰花那样名贵，但作为在秋天的寒风霜露中绽放的花，它一直受人偏爱。人们赞美它坚强的品格，欣赏它高洁的气质。

独特的"秋菊"

菊花是最能代表秋天的花，其开放于百花凋谢的秋季，更显得卓尔不群。菊花这一意象通常象征着高尚、纯洁、优雅的品性，例如，屈原在《离骚》里写道："朝饮木兰之坠露兮，夕餐秋菊之落英"，这两句诗的意思是早晨饮用木兰花上的露水，晚上食用菊花的花瓣。诗人以饮露餐花来比喻自己不与世俗同流合污，保持高洁的品行和人格。

出世的"野菊"

菊花象征着隐逸超脱，淡泊名利。因为它不爱热闹，不与百花在春天争艳，而是主动退居秋天，在落木萧萧的季节开放，为秋天增添一抹亮色。它馨香馥郁，不希求人知道，经受得住孤独与寂寞的考验。古人讲"大隐隐于朝，中隐隐于市，小隐隐于野"，秋天田野上的菊花就是隐士最好的伙伴。

寄托哀思的"白菊"

菊花瘦长的花瓣寄托着憔悴忧虑、悲伤愁苦之感。古人常用一年四季来比喻人的一生，当亲朋好友故去之时，人们不愿意用寒冬来类比他们的离开，而更愿意把生命的终结理解为秋叶落下，在秋风中静美地向这个世界告别。因此，菊花就成了陪伴这种"远行"、寄托这份跨越生死的哀思的最好载体。

诗词例讲

让我们来看一篇著名的咏菊诗,诗人不仅表达了对菊花的喜爱,更表明了自己喜爱菊花的独特原因。

菊花

[唐] 元稹

秋丛绕舍似陶家,
遍绕篱边日渐斜。
不是花中偏爱菊,
此花开尽更无花。

注释

1. 秋丛:指丛丛秋菊。
2. 舍:居住的房子。
3. 陶家:陶渊明的家。
4. 遍绕:环绕一遍。
5. 日渐斜:太阳渐渐落山。
6. 尽:完。
7. 更:再。

译文

一丛丛秋菊环绕在房子边上,让人觉得仿佛是到了陶渊明的家里,围着篱笆边欣赏菊花,不知不觉已经到了太阳下山的时候。
并不是我偏爱菊花,
只是因为菊花开过之后就无花可赏了。

九月·秋菊醉人

点睛

　　元稹的诗歌语言平实且意蕴丰满,在我国古代诗歌之中独占一席之地。这首咏菊诗很好地体现了诗人炉火纯青的语言功力和构建诗歌架构的技巧。诗人首先写景,从一幅静态的秋菊田舍开始,到赏菊之人走入景色中,陶醉于美景,不知不觉夕阳西斜。第三句巧设悬念,诗人说自己并非偏爱菊花,实际上是为了引出"偏爱"的理由:"此花开尽更无花"。这个平实质朴的理由源于人人皆知的自然现象,但经由诗意的语言表达,便赋予其更丰富的哲思。

提起以"菊花"为主题的诗词,那必然绕不开陶渊明。在陶渊明的笔下,菊花不仅能体现隐逸文人的品德,也能体现其志趣。

饮酒(其七)

[晋]陶渊明

秋菊有佳色,裛露掇其英。
泛此忘忧物,远我遗世情。
一觞虽独尽,杯尽壶自倾。
日入群动息,归鸟趋林鸣。
啸傲东轩下,聊复得此生。

注释

❶ 裛(yì):通"浥",沾湿。
❷ 掇:采摘。
❸ 英:花。
❹ 泛:浮。意即以菊花泡入酒中。
❺ 忘忧物:指酒。
❻ 远:这里作动词,使远。
❼ 遗世情:遗弃世俗的情怀,即隐居。
❽ 壶自倾:谓由酒壶中往杯中注酒。
❾ 群动:各类活动的生物。
❿ 息:歇息,止息。
⓫ 趋:归向。
⓬ 啸傲:谓言动自在,无拘无束。
⓭ 轩:窗。
⓮ 得此生:指得到人生之真意,即悠闲适意的生活。

九月·秋菊醉人

译文

秋天绽放的菊花颜色美好，摘下时花瓣上还留着清晨的露水。

把菊花泡在酒中，寄托我远离世俗的情怀。

我将杯中之酒一饮而尽，杯子空了就再斟满。

日落之后各类生物都已歇息，鸟儿回到树林中欢快地鸣唱。

我在东窗之下纵情欢歌，无拘无束，就这样悠闲适意地度过此生。

点睛

初读此诗，浮光掠影，只看到秋菊佳色，助人酒兴，诗人完全沉醉其中，忘却了尘世的忧愁烦恼，自得其乐。细品后发现，此诗看似写对菊饮酒的悠然自得，实则蕴藏着深沉的感伤。秋天是属于菊花的季节，在百花枯萎凋谢的秋日，惟独菊花不畏严霜、粲然独放，表现出坚贞高洁的品格。诗人接下来写对菊饮酒时的心境，如果真的心中无忧，就不需要"忘忧"，这透露出诗人胸中有郁愤之情。下一句中的"遗世"含有激愤的成分，因为陶渊明本来很想做一番"大济于苍生"的事业，只是后来在官场中亲眼看到当时政治黑暗，这才决心归隐。独饮本来容易使人感到寂寞，酒渐饮渐多，诗人的感触也多了起来。归巢的群鸟本来是无意中所见，却唤起了他的感慨深思：自然界的动物皆有止息之时，飞鸟于日落时犹知返巢，人生又何尝不是如此？鸟儿飞而复归的过程，与陶渊明由出仕到归隐的生活历程极为相似。"啸傲东轩"是隐居悠闲之乐的形象描绘，是庆幸，是如意。然而"聊复"一词，又给这一切罩上了一层无可奈何的色彩，它上承"忘忧""遗世"，隐含壮志难酬之意，就仿佛菊花在秋风之中不肯凋谢，似是仍有遗憾。

经典诵读

关于"菊"的经典名句还有很多,下面这些都可以读一读,并记下来。

采菊东篱下,悠然见南山。(陶渊明《饮酒(其五)》)

组诗《饮酒》是田园诗人陶渊明的代表作之一,这两句诗更是因为意蕴深远而广为流传。诗人物我两忘,看到远处的山色悠远,心中也是一片悠然。这两句诗将诗人安贫乐道、悠然自得的心境娓娓道来。菊花也因陶渊明的这两句诗赢得了"花中隐士"的美誉。

待到重阳日,还来就菊花。(孟浩然《过故人庄》)

这首诗写于孟浩然隐居鹿门山时,记叙了他到老友家的田舍做客的经历。最后这两句是重阳节时再次来拜访的约定,既表现了田园生活的安逸,又体现了诗人乐山乐水的出世之意。虽然在都市之中忙碌的人们也可以安排重阳节聚会赏花,但是其闲情逸致难以与孟浩然相媲美。

冲天香阵透长安,满城尽带黄金甲。(黄巢《不第后赋菊》)

"满城"是说菊花无处不有,遍满长安;"尽带"是说这遍满长安的菊花,无一例外地全都披上了"黄金甲"。金黄如铠甲般的菊花屹立在飒飒西风之中,凌霜伴寒,傲然怒放,这形象是何等英武俊伟!况且,"满"城"尽"是,如同云霞,映照着天空;如同烈火,燃遍了长安!这里所歌咏、塑造的,不是单独的某一株菊花,而是菊花的"英雄群像"。这两句诗体现了黄巢作为古代农民起义首领的壮志豪情。

遥怜故园菊,应傍战场开。(岑参《行军九日思长安故园》)

在这首独特的重阳咏菊诗中,诗人借写故园的菊花,不仅是在表达对故乡的思念,更是在惋惜饱受战火摧残的国家。这首诗原有小注说"时未收长安",当时长安被乱军所占领,在这种特定情形之下,诗人又怎能有心思去过重阳节,去登高赏菊呢?他想到故园此时黄花堆积的情景,只能遥遥寄去一片深沉的乡情。"遥"字，渲染出诗人与长安相距之远。"怜"字，不仅写出诗人对故乡之菊的眷恋，更写出诗人对故园沦为战场的惋惜和无奈。"战场"二字隐含的是残垣断壁、生灵涂炭，黄花开在被乱军糟蹋得不成样子的帝都长安，岂不可悲可叹！

　　莫道不销魂，帘卷西风，人比黄花瘦。（李清照《醉花阴》）

　　这首词是李清照于婚后所作，通过描述自己在重阳节把酒赏菊的情景，烘托了一种凄凉寂寥的氛围，表达了对丈夫的思念之情，以及孤独寂寞的心境。在整首词中，最后这三句最为人称道。当词人把酒赏菊时，秋风吹起卷帘，也吹动心事，其中人、物、景、情兼备，和谐统一，黄花（菊花）在其中起到了核心作用。

　　花开不并百花丛，独立疏篱趣未穷。宁可枝头抱香死，何曾吹落北风中。（郑思肖《寒菊》）

　　这首题画诗，与一般赞颂菊花不俗不艳、不媚不屈的诗歌不同。诗歌托物言志，深深隐含了诗人的人生遭际和理想追求，是一首有特定生活内涵的菊花诗。开头两句是人们对菊花的共识，菊花不与百花同时开放，代表着其不随波逐流、不谄媚权贵的高尚品格。"宁可枝头抱香死，何曾吹落北风中"这两句进一步写菊花宁愿枯死枝头，也决不被北风吹落的高洁之志，描绘了其傲骨凌霜、孤傲绝俗的品质，同时，诗人以"北风"指代从北面进攻宋朝的元朝，表示自己坚守高尚节操，宁死不肯向元朝投降的决心。这是他用一生书写的坚定信念，也是不屈不移、忠于故国的誓言。

霜降 × 酒

霜降是秋天的最后一个节气。到了这个节气,气温有时降至零度以下,空气中的水汽在地面凝结成白色结晶体,称为霜。深秋已日渐寒冷,在严霜的威压下,植物渐渐失去生机,一些动物忙着储备过冬的食物。

古人这样记录总结霜降时的物候:"初候,豺乃祭兽。"古人在这个节气会举行祭祀活动,表达对丰收的感恩。酒需用粮食酿造,在农业非常不发达的时期,酒是极为珍稀的,故被用来祭祀天地和先祖。后来,随着生产力的提高,酒也慢慢走入了人们的日常生活,成为古典文学中一个不可或缺的角色。

意象课堂

酒能助兴，能激发灵感，活跃形象思维。酒后吟诗，常有佳句。酒在我国历史悠久，亦具有深厚的文化内涵，古人缘情而饮酒，盏中起诗情。

"酒"中豪情

酒中有诗人的高雅情调，体现了文人的洒脱、多情与豪放。在登高望远时要饮酒，在春风得意时要饮酒，酒香千古，留下了中华文明的自信、大气和风流。

"酒"中友情

俗话说，酒逢知己千杯少。酒是文人和侠客友谊的见证，不管是桃园三结义还是梁山好汉盟誓结拜，豪情万丈的场面总离不开美酒助兴。酒酣之时，朋友之间互诉衷肠，在酒的帮助下，他们的感情得到了升华。

"酒"中爱情

在周代以来的传统婚礼上，新人交拜后饮交杯酒，称为"合卺"。依照传统，合卺之杯用葫芦，葫芦古称蒲芦，谐音"福禄"，其枝茎古称蔓带，谐音"万代"，故蒲芦蔓带谐音为"福禄万代"。

"酒"中悲情

曾有古人言："读《出师表》不哭者不忠，读《陈情表》不哭者不孝"。五千年的中华文明承载了太多的苦难，厚重的二十四史也写满了英雄末路的悲叹。不管是面对自己的痛苦还是他人的苦难，此时的一杯酒是安慰，是对悲情英雄的敬意，也是对悲剧性命运的抗争。

"酒"中愁情

酒入愁肠，化作相思泪。别离是愁，求而不得是愁，事不遂心也是愁。面对人生的愁苦，自斟自饮一壶浊酒，即使不能一醉解千愁，也可让些许烦心愁绪随酒而去，为人平添一份面对苦难的勇气。

给少年的诗词点睛课·意象十二讲

诗词例讲

提到酒，我们第一个想到的诗人应该就是"诗仙"李白。"李白斗酒诗百篇"，让我们一起来欣赏他的千古名篇《将进酒》吧。

将进酒

［唐］李白

君不见黄河之水天上来，奔流到海不复回。
君不见高堂明镜悲白发，朝如青丝暮成雪。
人生得意须尽欢，莫使金樽空对月。
天生我材必有用，千金散尽还复来。
烹羊宰牛且为乐，会须一饮三百杯。
岑夫子，丹丘生，将进酒，杯莫停。
与君歌一曲，请君为我倾耳听。
钟鼓馔玉不足贵，但愿长醉不愿醒。
古来圣贤皆寂寞，惟有饮者留其名。
陈王昔时宴平乐，斗酒十千恣欢谑。
主人何为言少钱，径须沽取对君酌。
五花马，千金裘，呼儿将出换美酒，与尔同销万古愁。

注释

❶ 将（qiāng）：请。
❷ 天上来：黄河发源于青海，因那里地势极高，因而用此夸张说法。
❸ 高堂：高大的厅堂。一说指父母。
❹ 青丝：喻柔软的黑发。
❺ 得意：适意高兴的时候。

❻ 金樽：贵重的盛酒器具。

❼ 会须：应当。

❽ 岑夫子：岑勋，李白的好友。

❾ 丹丘生：元丹丘，李白的好友。

❿ 与君：给你们，为你们。君，指岑、元二人。

⓫ 钟鼓：富贵人家宴会时奏乐使用的乐器。

⓬ 馔玉：形容食物如玉一样精美。

⓭ 不愿醒：也有版本为"不用醒"或"不复醒"。

⓮ 陈王：指三国时期魏国的陈思王曹植。

⓯ 平乐：道观名。在今河南洛阳，为汉代富豪显贵的娱乐场所。

⓰ 恣：纵情任意。

⓱ 谑：戏言。

⓲ 径须：只管。

⓳ 沽：买。

⓴ 五花马：指名贵的马。一说毛色作五花纹，一说颈上长毛修剪成五瓣。

译文

看啊，黄河水仿佛是从天上奔腾而下，一路流向大海，不会回流。

看啊，父母面对明亮的镜子会感叹头上已生出了白头发，好像早晨还是一头黑发，到了傍晚头发已经雪白。

因此，人生在得意的时候就应该尽情享受欢乐，别让金色酒杯之中无酒，浪费了美丽的月色。

上天赐予我的才能必然有其用处，千两黄金花完了，以后也会赚回来。

快把羊煮上、牛杀了，让我们一起欢乐，此时正当喝上三百杯。

岑老哥、丹丘小弟，快喝酒，别把酒杯放下。

我给你们唱一曲，请你们侧耳倾听。

富贵人家宴会上的钟鼓雅乐和玉一样精美的食物不是最珍贵的，我只希望能够醉在梦乡，不愿醒来。

自古的圣人和贤者都不被世俗所理解，只有那些会喝酒的人才能把名声流传下来。

陈思王曹植当年在平乐观大摆宴席，喝着名贵的美酒纵情欢乐游戏。

店家为什么说我们没带多少钱，这些钱干脆都拿去买酒，让我们喝个尽兴。

把我的宝马和裘皮大衣都交给侍从去换酒，咱们一起来消除这从古到今无尽的忧愁！

> **点睛**
>
> 　　李白的诗想象丰富，极富浪漫主义色彩，极尽夸张之能事。一旦他诗兴大发，豪情便喷薄而出、一泻千里，但又收放自如，达到了极高的艺术境界。李白的人生，可谓是悲剧的人生。《将进酒》一诗，是其悲剧人生的写照。其人，其诗，其酒，三位一体，方为真正的李白。
>
> 　　这首诗表现了诗人对生命流逝强烈而敏锐的感觉，对生活方式的选择，以及不可一世的高傲和自负。李白深知生命有限，黄河之水、镜中白发，都引起了他对生命的深刻思考。而其思考，并非停留在一般意义上对时光匆匆流逝及人生短暂的哀叹惋惜，而是在更高层面上关注着自我存在的价值。李白是一个具有历史情怀的人，他的思考和忧虑，不仅仅是针对个人，而是针对人类整体。这首诗诗意浑厚，气象不凡；诗情悲愤，狂放不羁；语言豪纵沉着，大起大落，奔放跌宕；诗句长短不一，参差错综；节奏快慢多变，一泻千里。及至最后，李白已然大醉，一句"与尔同销万古愁"写尽内心的痛楚和绝望。全篇落脚一个"愁"字，其纵横捭阖之势，慷慨豪迈之气，倏然收归，把所有勃发之情都凝聚成了"愁"。

看过了诗仙笔下豪放的酒宴，我们再来体验一下白居易与好友温馨的小酒局。

问刘十九

［唐］白居易

绿蚁新醅酒，红泥小火炉。
晚来天欲雪，能饮一杯无？

注释

1. 绿蚁：指浮在新酿的没有过滤的米酒上的绿色泡沫。
2. 醅（pēi）：酿造。
3. 雪：下雪，这里作动词用。
4. 无：表示疑问的语气词，相当于"么"或"吗"。

译文

新酿的米酒还未过滤，酒面上泛起一层绿泡，香气扑鼻。红泥烧成用来烫酒的小火炉也已准备好了。

看样子晚上要下雪，你能否留下来与我共饮一杯？

点睛

这首诗写得饶有情趣，句句围绕酒，反复渲染饮酒的气氛，"新酒""火炉""暮雪"这三个意象营造出诗人与朋友对饮时其乐融融的图景。开头说到自家有新酿的酒，还准备好了烫酒的火炉，之后提到，更妙的是晚上天色昏沉好像要下雪，可谓是"天留客"，为了不辜负这一番"天时"和"人和"，最后一句邀请朋友，说"能饮一杯无"。全诗自然清新，充分体现了二人的深情厚谊。

经典诵读

关于"酒"的经典名句还有很多,以下这些都可以读一读,并记下来。

休对故人思故国,且将新火试新茶。诗酒趁年华。(苏轼《望江南·超然台作》)

苏轼的一生虽然仕途坎坷、颠沛流离,但是他始终保持着勇敢豁达的乐观精神,这首词也体现了他一贯的豁达超脱。对于过去的人和事要学会放下,对于未来的生活要勇于面对,这几句词表达了苏轼"用之则行,舍之则藏"的生活态度。"诗酒趁年华"并不是简单的及时行乐,而是要把握住现在,勇敢面对生活中的悲喜。

劝君更尽一杯酒,西出阳关无故人。(王维《送元二使安西》)

这是一首著名的送别诗。古代交通不便,很多时候离别后就可能再无相见之时,因此古人分外珍重在一起的时光,也会在送别时把想说的话都说出来。故友要向西远行,送别之时的千言万语最终只化作一句劝酒词,其中的情谊不必多言。

葡萄美酒夜光杯,欲饮琵琶马上催。(王翰《凉州词》)

这首诗描写战士们战前畅饮的情景,表达了戍边战士早已将生死置之度外的情怀。首句浑然天成,七个字就把读者带到了西域风情之中,下一句笔锋陡转,"马上催"将宴饮直接拉回战场,此时读者恍然大悟,这葡萄酒不但是域外之酒,更是边塞之酒,琵琶声声不只是外邦之乐,更是沙场之乐。这两句诗用语平实,但意味百转千回。

天子呼来不上船,自称臣是酒中仙。(杜甫《饮中八仙歌》)

相传贺知章初读李白诗,惊呼其是"谪仙人"。李白是诗仙,更是酒仙。如果说刚到长安的李白仍抱着满腔为国效力的热情,那么经过朝廷倾轧和赐金放还后,李白明白了自己无法改变唐朝的衰落,因此他把余生都献给了酒和诗,"酒中仙"一词就此成为李白的代名词。

今宵酒醒何处?杨柳岸,晓风残月。(柳永《雨霖铃·寒蝉凄切》)

如果说李白还曾经有过在唐玄宗御前的风光时刻,那么柳永则是一位终生郁郁不得志的"白衣卿相"。在无奈地成为"奉旨填词柳三变"后,柳永流连于勾栏瓦舍,用买醉去逃避痛苦,虽然给后世留下了许多惊艳的词句,但他无时不在借酒慰藉愁肠。

被酒莫惊春睡重,赌书消得泼茶香,当时只道是寻常。(纳兰性德《浣溪沙·谁念西风独自凉》)

对过去幸福时光的回忆对词人来说是无法逃避的痛苦。在纳兰性德的词中,酒和梦、书和茶,都是他"寻常当时"的一部分,如今却被时光冲击得七零八落。春睡的酒是"当时"无忧无愁的酒,是如梦似幻的酒,到如今只剩下了追悔之情。

明月楼高休独倚,酒入愁肠,化作相思泪。(范仲淹《苏幕遮》)

在这里,"酒"不仅是解忧的工具,更是情感的催化剂。词人本想借酒消愁,却发现酒只能使愁绪更加浓烈,最终化作了相思的泪水。这种以酒解愁却愁更愁的矛盾情感,将词人的孤独、乡愁及对故乡的无限眷恋深刻地展现出来。同时,"酒"在这里也与"泪"形成对比,一方面展现了词人内心的无奈和悲哀,另一方面也体现了中国古典文学中"酒"与离别、相思的情感联系。通过这种情景交融和意象深化,范仲淹巧妙地将个人情感与文化意蕴相结合,使得这句词成为流传千古的名句。

大显身手

1. 以下这几句诗分别描写的是哪些植物？请填写在括号里。

（1）疏影横斜水清浅，暗香浮动月黄昏。（　　）

（2）百花发时我不发，我若发时都吓杀。（　　）

（3）玉雪窈玲珑，纷披绿映红。（　　）

（4）似花还似非花，也无人惜从教坠。（　　）

2. 请阅读《南唐烈祖酒令》全文，谈一谈其中三人酒令的含义。

行酒令，是筵宴上助兴取乐的饮酒游戏，最早诞生于西周，完备于隋唐。一般推举一人为令官，余者听令轮流说诗词、联语或其他类似的酒令，违令者或负者罚饮，所以又称"行令饮酒"。

南唐烈祖酒令

李先主欲讽动僚属，雪天大会，出一令，借雪取古人名，仍词理通贯。时宋齐丘、徐融在坐。昪举杯为令曰："**雪下纷纷，便是白起。**"齐丘曰："**着履过街，必须雍齿。**"融意欲挫昪等，遽曰："**明朝日出，争奈萧何？**"昪大怒，是夜收融投于江。自是，惟齐丘与谋。

【注释】

❶ 南唐烈祖李昪：李昪，徐州人，原名徐知诰，是南吴权臣徐温养子，南唐开国皇帝。

❷ 讽动：通过讽喻去猜测。

❸ 僚属：同僚和下属。

❹ 仍：而且，同时。

❺ 白起：战国时代军事家，秦国名将，兵家代表人物。

❻ 雍齿：秦末汉初沛人，跟随汉高祖刘邦起兵，虽屡立战功，但经常窘辱刘邦。刘邦建立汉朝后，还没来得及给将领们封功奖赏，此时人心浮动。刘邦就听从张良的进言，先封雍齿为什邡侯，于是其他将领都安心了。

❼ 萧何：汉初三杰之一，辅助汉高祖刘邦建立汉朝。

【译文】

南唐烈祖李昪在篡位之前，想用讽喻的手法去猜测了解同僚和下属是否支持自己，于是在下雪天大家聚会饮酒时，出了一个酒令，要求以雪为题引出古人名，同时酒令须文理通顺。当时宋齐丘和徐融都在场。李昪举起酒杯先说了自己的酒令："雪下纷纷，便是白起。"宋齐丘接着说："着履过街，必须雍齿。"徐融想挫败他们的野心，于是说："明朝日出，争奈萧何？" 李昪非常生气，当天晚上就把徐融抓起来扔到江里了。之后，李晟就只跟宋齐丘一起谋划篡位的事。

十月 冬来水冷

在辽阔的中华大地上，冬天展示着不一样的色彩。

有北方的白雪皑皑，也有岭南的青翠依然。

长江长城，黄山黄河，不论何时何地，永远滋养着每一颗中国心。

农历十月，也称为孟冬、阳月、小阳春。"冬"字有终和冻的意思，表示万物走向了终结。中华文明是古老的农耕文明，人们按照"春生夏长、秋收冬藏"的自然规律行事。所谓"冬藏"，指的是秋去冬来之时宜进补。人们辛劳整年，历经寒暑，体力衰弱，此时进补有助于恢复元气。从五行的角度来说，冬季属水，水生万物。从这一"藏"一"生"中，我们可以看到古人在认识自然的过程中形成的朴素的辩证主义思想，也能感受到江河湖海对于中华文明的重要性。这些不仅体现在人们日常生活的方方面面，也体现在浩瀚的古典诗词之中。

立冬 × 黄河

水是生命之源，世界上的几大文明均发源于大江大河之畔，甚至是大海之滨：有长江、黄河流域的中华文明、恒河流域的古印度文明、底格里斯河与幼发拉底河沿岸的古巴比伦文明、尼罗河流域的古埃及文明、爱琴海沿岸的古希腊文明……

立冬是冬季的第一个节气，表示天气转寒，正式进入了冬天。古人在立冬观察到"初候，水始冰。"《周书·时训篇》中记载："立冬之日始冰，后五日地始冻"，这里说的是黄河流域的部分河段从立冬节气开始结冰。在这个节气，让我们一起来了解古诗词中的"黄河"吧。

意象课堂

黄河是中国第二长河，其长度仅次于长江，也是世界第六长河流。它发源于青海省巴颜喀拉山脉，流经青海、四川、甘肃、宁夏、内蒙古、陕西、山西、河南、山东9个省（区），最后于山东省东营市垦利区注入渤海，干流全长5464千米。黄河孕育了分布于西至河湟、北至燕山—大漠、南至秦岭—江淮分水岭的文明，是中华文明的源头之一。黄河中下游流域为中华民族最主要的发源地，也是中国历史上的经济与文化重心之一。可以说自从有文字记录开始，黄河就一直出现在中华文化的相关记载之中。它伴随着王朝的兴衰更替、一代代人的生老病死，一直不停地流淌。

奔腾不止的"黄河"

黄河在历史上曾多次改道，每次改道都给沿岸人民带来巨大的灾难，正如世事风云变幻、人生自古多磨难。即使如此，黄河仍在不停地滋润着两岸的土地，哺育着华夏儿女。我们把黄河称为"母亲河"，将黄河写入文字，将黄河精神融入生命之中，正是因为它体现了不屈不挠的民族精神和中华民族厚重的历史积淀。

牵动人心的"山河"

古代常用"江山"代指政权，与之类似的"山河"也成了国土的别称。以"山河"成诗，能体现诗人恢宏博大的胸怀。黄河一路翻山越岭，过草地，越平原，奔腾咆哮，东流入海，而置身于巍巍中华开拓进取时代的诗人们，也渴望发奋图强、建功立业。

东流不返的"河水"

时光匆匆，沧海桑田，黄河亘古不息，阅尽沧桑。"子在川上曰：逝者如斯夫！"这里的"川"指的就是黄河。时光如流水，多少王朝兴衰和英雄往事，都像这黄河水一样，一去不复返。留在诗词中的，是它们在时间长河中的灵光闪现，是中华儿女刚健有为、自强不息的精神力量。

诗词例讲

让我们来看一首唐代诗人描写黄河的诗,了解古人心中的黄河。

> ## 浪淘沙(其一)
>
> [唐]刘禹锡
>
> 九曲黄河万里沙,
> 浪淘风簸自天涯。
> 如今直上银河去,
> 同到牵牛织女家。

注释

❶ 九曲:自古相传黄河有九道弯。这里形容河道迂回曲折,弯弯曲曲的地方很多。
❷ 万里沙:黄河在流经各地时挟带大量泥沙。
❸ 浪淘风簸:黄河卷着泥沙,风浪滚动的样子。浪淘,波浪淘洗。簸,颠簸。
❹ 自天涯:来自天边。
❺ 牵牛织女:银河系的两个星座名。自古相传,织女为天上的仙女,下凡到人间,和牛郎结为夫妇。后西王母召回织女,牛郎追上天,西王母罚他们隔河相望,只准每年七月七日的夜晚相会一次。

译文

弯弯曲曲的黄河裹挟着大量泥沙流经万里,
它经历了狂风掀起的浪涛颠簸,从天边一直来到这里。
如今这黄河好像要飞到银河上去,
和我一起去寻访牛郎织女的家。

点睛

　　这首诗的开篇与众多描写黄河的诗篇一样，着力描写九曲黄河大浪淘沙之势，只用"浪淘风簸"四个字就写出了黄河的雄浑气势，展示了精妙的炼字技巧。紧接着，诗人用张骞穷河源遇牛郎织女的典故，使"黄河之水天上来"的意境进一步形象化。诗人借黄河抒情明志，抒发了他的浪漫主义情怀，表明了自己希望像黄河一样，向着理想前进，不畏艰难险阻。全篇气势大起大落，显示出一种壮阔的雄浑之美。

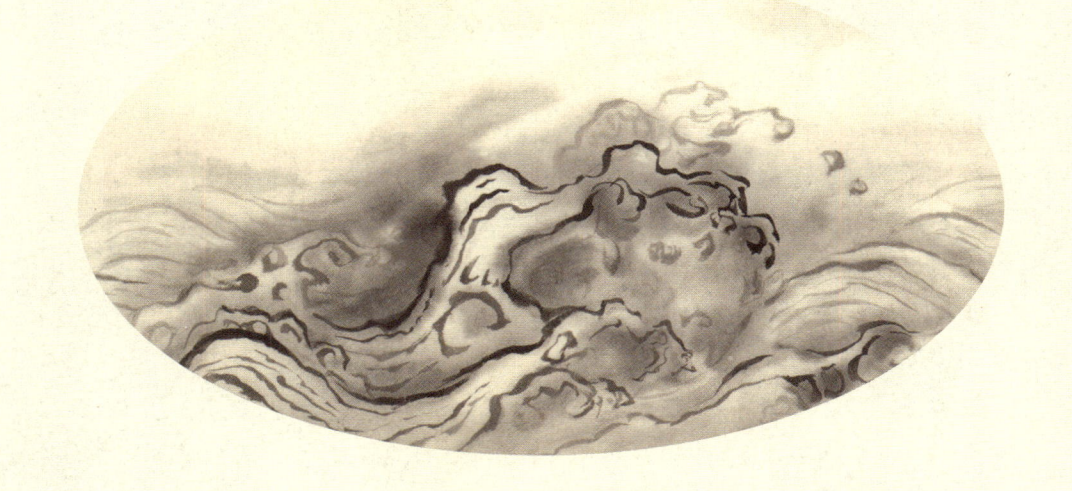

黄河不仅有着滋养民生的现实意义,也为时代带来了一抹浪漫色彩。接下来,我们再来感受一下黄河厚重的历史积淀。

黄河

[唐] 罗隐

莫把阿胶向此倾,此中天意固难明。
解通银汉应须曲,才出昆仑便不清。
高祖誓功衣带小,仙人占斗客槎轻。
三千年后知谁在?何必劳君报太平!

注释

❶ 莫把阿胶向此倾:语出庾信《哀江南赋》。阿胶,药名,据说将其投入浊水,可使浊水变清。

❷ 解:能。

❸ 通银汉:古人说黄河的上游叫通天河,与天上的银河相通连。

❹ 应须曲:双关语,既是说黄河弯弯曲曲上通天河,也是说当时人们只有逢迎拍马不走正道,才能混进朝廷,谋取高位。

❺ 出昆仑:先秦人以为黄河发源于昆仑山,至张骞上考河源才知不是。这里仍是姑妄言之。

❻ 高祖誓功衣带小:典出《史记·高祖功臣侯者年表序》,汉高祖平定天下,分封群臣时誓曰:"使河如带,泰山若厉。国以永宁,爰及苗裔。"意思是无论今后出现什么事情,你们的领地也将世世代代传下去。与汉乐府中的所谓"冬雷震震,夏雨雪,天地合,乃敢与君绝"意思相似。

❼ 仙人占斗:意指权贵把持朝政。占斗,指严君平通过观测星象来占卜。

❽ 客槎(chá):传说中张骞乘木筏上天去寻找黄河的源头,见到了织女和牛郎。槎,木筏。

❾ 三千年:旧说黄河五百年清一次,河清是圣人出现、天下太平的征兆。

译文

  不要试图通过向黄河中倾入阿胶使河水变清澈，黄河的清浊是天意所谓，凡人难以明白。

  黄河能够一直从人间通向天上的银河，所以河道才弯弯曲曲，黄河水刚从昆仑山流出就变得不清澈了。

  汉高祖刘邦分封功臣时说，直到黄河变成像衣带那么狭窄时，誓言才会失效。严君平看到天上的牛郎星、织女星旁有客星侵入，原来是那时有人乘船沿黄河向西看到了牛郎织女。

  往事悠悠，三千年后又有谁还在？那还要劳烦黄河变清来昭示太平盛世的到来！

点睛

  这首诗表达了作者对黄河壮丽景色的赞美，表面上借用黄河的特点和典故来对其施以赋咏之辞，实则借事寓意，是唐末昏暗的社会现实的真实写照，流露出罗隐对国家兴衰的忧虑和对时代变迁的思考。诗句中引用古籍典故所描绘的对象，既是承载了关于黄河的悠悠文明和厚重历史，也是讽刺当时讲求出身门第、贿赂趋奉的科举制度：黄河水浑浊，难以靠人力变清，全凭缥缈莫测的"天意"；只有善于曲意逢迎之人才能直达中枢，其污浊实际上来自"源头"；君王不遵守誓言，权贵把持朝政，任人唯亲；这样的社会如果不改变，那么哪怕过了千年黄河变清了，老百姓也不会过上好日子。这是诗人对腐败无能的朝廷的控诉，对社会黑暗的抨击。全诗用典贴切，文辞工整，既体现了唐诗高超的艺术水平，也表达了诗人对社会不公的愤懑之情。

经典诵读

关于"黄河"的经典名句还有很多,以下这些都可以记下来。

旦辞爷娘去,暮宿黄河边,不闻爷娘唤女声,但闻黄河流水鸣溅溅。(北朝民歌《木兰诗》)

黄河自古是兵家必争之地,也是古代诗词中的"常客"。诗中第一次提到黄河,是为了体现军情的急迫;第二次提到黄河,则是为了表现木兰的思乡之情。木兰替父参军,是为了家庭,更是为了国家,黄河正是这一份家国情怀的体现。

黄河落天走东海,万里写入胸怀间。(李白《赠裴十四》)

"落天走东海"形象地描绘了黄河从天而降、奔腾入海的壮观景象,展现了黄河浩浩荡荡、一泻千里的气势。"万里写入胸怀间"则将黄河的壮阔与诗人的胸襟相联系,表达了诗人胸怀天下、志存高远的壮志豪情。"黄河"的意象在此不仅是自然景观,更是诗人情感与理想的载体,反映了诗人对自然的敬畏和对理想的追求。

条山苍,河水黄。浪波沄沄去,松柏在高冈。(韩愈《条山苍》)

本诗写于韩愈少年读书之时。山与河互为比照衬托,苍翠的是高耸屹立的中条山,浑黄的是浊浪排空的黄河水。高山、大河形成强烈的颜色对比和视觉差异,黄河水奔腾不息,满山松柏苍翠欲滴,一动一静,相映成趣。人生岁月就像这滔滔奔涌的黄河之水,一去不返,但崇高的品德和人格是永恒的,像万古长青的松柏那样,永存人间。

河水虽浊有清日,乌头虽黑有白时。(白居易《潜别离》)

"黯然销魂者,唯别而已矣",面对无可奈何的诀别,诗人不由得感叹,黄河水有一天会由浊变清,美人乌黑的长发会随着年龄增长由黑变白,但岁月蹉跎,与心爱之人何时才能再见?这一份离别之时的愁绪在千百

十月·冬来水冷

年后，犹如河水流淌不绝。

白日依山尽，黄河入海流。（王之涣《登鹳雀楼》）

诗人登上了依山傍水的鹳雀楼，看到天边的夕阳挨着山峦渐渐落下，脚下的黄河向大海滚滚奔流。面对雄壮的景色，诗人发出了"欲穷千里目，更上一层楼"的感叹。这首传诵千古的名诗意境壮阔，气势磅礴，虚实相间，富于哲理。

人间更有风涛险，翻说黄河是畏途。（宋琬《渡黄河》）

面对一泻千里、翻起惊涛骇浪的九曲黄河，诗人语出惊人，说这并不艰险，因为人世间的风波比这更加险恶。这两句运用反衬手法极写诗人对社会、人生的认识，十分深刻，含感时伤世之情，发穷愁孤愤之音。

峰峦如聚，波涛如怒，山河表里潼关路。（张养浩《山坡羊·潼关怀古》）

当黄河遇到华山，便造就了潼关的壮景：一个"聚"字让读者眼前呈现出华山群山攒立之状，一个"怒"字展现了潼关外黄河之水奔腾澎湃的回响。黄河本不会发怒，是与人共情。历史上的一次次王朝兴衰更替，受苦的都是百姓，作者吊古伤今，产生了满腔悲愤之情。

黄河九天上，人鬼瞰重关。（元好问《水调歌头·赋三门津》）

"黄河九天上"借用了李白的诗句"黄河之水天上来"，形容黄河源远流长，仿佛从天而降，展现了黄河的宏伟与壮阔。这里的"黄河"不仅是河流，更是连接天地的纽带，象征着中华民族悠久的历史和文化。"人鬼瞰重关"则描绘了黄河三门峡的险峻，诗人将大禹凿神、鬼、人三门的传说融入诗中，形容关隘之险如同神鬼把守，增添了神秘色彩。黄河的壮美与险峻既是自然界的奇观，也是情感的投射，传达了作者对黄河无上崇敬和赞叹之情，同时也体现了他对于自然和历史的深刻思考。

小雪 × 长江

关于"小雪"时节,古人是这样记录总结的:"初候,虹藏不见,季春阳胜阴,故虹见;孟冬阴胜阳,故藏而不见。二候,天气上升,地气下降。三候,闭塞而成冬。阳气下藏地中,阴气闭固而成冬。"其中的"闭塞"指的是天地万物活动减少,就好像停滞了一样。实际上,即使是在冬天,自然界的生命也在遵循着一定的活动规律继续运行。

意象课堂

长江，古代简称江，是亚洲第一长河和世界第三长河，也是世界上完全在一国境内的最长河流，全长6300千米，干流发源于青藏高原东部唐古拉山脉各拉丹冬峰，穿越中国西南（青海、西藏、云南、四川、重庆）、中部（湖北、湖南、江西）、东部（安徽、江苏），在上海市汇入东海。长江流域覆盖中国大陆五分之一陆地面积，养育中国大陆三分之一的人口。长江经济带也是中国最大的经济带之一。长江和黄河并称为中华文化的母亲河，孕育了长江文明和黄河文明。长江文明，特别是长江文明中的"稻作文明"，给东亚及世界带来很大影响。

滚滚长江东逝水，在中华民族的历史上留下深刻的烙印，也流向了诗人的笔端。生命随着时间不断运行、演进，与一刻不停、始终向东流淌的长江水一样，给文人墨客带来无尽感慨。

沧桑的"长江"

春秋战国时的古籍《尚书·尔雅》《左传》等都有对"江"的记载。自汉代起，始称长江为"大江"，六朝时出现了"长江"的名称。长江文明区域之广、文化遗址数量之多、密度之大，都堪称世界之最。因此，长江与黄河一样，一方面经常作为中华文明的代名词出现在各种作品之中，另一方面也作为历史的见证者，承载着中华五千年历史的兴衰起伏。

如诗如画的"江南"

江南文化常与吴越文化高度关联，自东吴起的六朝时期以至隋唐，江东士族在文化上具有重要地位和历史贡献，对江南地区的文化教育也有重要影响。江南因其物产丰富、气候湿润、人杰地灵，在古典诗词中是一片富饶和浪漫之地。

豪杰辈出的"江东"

长江在自金陵以上至九江一段为南北走向,因此把现在的皖南、苏南、浙江、江西东部这片地区称作江东。古人以东为左,故又称江左。自东汉起,江东发展为富庶之地,同时也成为历代的财赋重地。富饶的生活条件结合传自吴越先民的彪悍性格,使得这里诞生了项羽、周瑜、朱元璋等英雄人物,在历史上大放异彩,于是"江东"代表着人才的故乡。

典故里的"江水"

浩荡的长江水寄托了古人丰富的情感。在"孤帆远影碧空尽,唯见长江天际流"中是对友人离开的不舍;在"问君能有几多愁?恰似一江春水向东流"中是对生活的惆怅;在"日日思君不见君,共饮长江水"中是对爱人的思念;在"尔曹身与名俱灭,不废江河万古流"中是对历史的感慨。如果说有形的江水滋养的是一代代中国人,那么无形的江水沁润的就是每一个中华游子的心灵。

诗词例讲

宋代的李之仪在面对滚滚东逝、奔流不息的江水时，心中涌起万般柔情，成就了这首千古流传的爱情词。

卜算子

［宋］李之仪

我住长江头，君住长江尾。
日日思君不见君，共饮长江水。

此水几时休，此恨何时已。
只愿君心似我心，定不负相思意。

注释

❶ 思：想念，思念。
❷ 休：停止。
❸ 已：完结，停止。
❹ 定：此处为衬字。

译文

我住在长江的源头，你住在长江的下游。

我日夜思念你，却见不到你，只能让同样滋养你我的长江水带去我的思念。

江水奔流，不知何时才能停止，我对你的思念也只有在江水停止流动之时才会消逝。

只希望你对我的情感就像我对你那样也是一片真心，不要辜负了我这一番痴恋情意。

> **点睛**

　　这首词朗朗上口，似民歌般复沓回还，以独特的艺术手法，将生命短暂、人生无常的主题娓娓道来。其中既有诗人对生命短促的感慨，又有诗人对爱情的渴望和思考，表达了对于生命意义的追求和思考。这首词开头便引人入胜，以"我"和"君"分别代表自己和恋人，以长江之无尽表达出时间的无穷，又以两人相隔于长江之水表达出时间和距离的无情和遥远。词人每日思念着爱人，却不见爱人，只能和长江水相伴。长江水在悠长的岁月里始终不断流淌，爱人却远在天涯海角，无法相见，这让词人对时间产生了无限的感慨。

　　全词以长江水为抒情线索，以江水之悠悠不断，喻相思之绵绵不已。悠悠长江水，既是双方万里阻隔的天然障碍，又是一脉相通、遥寄情思的天然载体；既是悠悠相思、无穷别恨的触发物与象征，又是真挚恋情与坚定期许的见证。随着词中情感的发展，"长江"这一意象的作用也不断变化，使人读罢回味无穷。

长江不仅沿岸风光秀丽，更承载着厚重的中华文明。让我们来看一首创作于长江边上、堪称千古绝唱的怀古佳作。

登高

[唐]杜甫

风急天高猿啸哀，渚清沙白鸟飞回。
无边落木萧萧下，不尽长江滚滚来。
万里悲秋常作客，百年多病独登台。
艰难苦恨繁霜鬓，潦倒新停浊酒杯。

注释

① 猿啸哀：猿凄厉的叫声。
② 渚：水中的小块陆地。
③ 鸟飞回：鸟在急风中飞舞盘旋。回，回旋。
④ 落木：落叶。
⑤ 萧萧：草木飘落的声音。
⑥ 万里：指远离故乡。
⑦ 常作客：长期漂泊他乡。
⑧ 百年：犹言一生，这里借指晚年。
⑨ 艰难：兼指国运和自身命运。
⑩ 苦恨：极恨，极其遗憾。苦，极。
⑪ 繁霜鬓：形容两鬓斑白，像秋天厚重的白霜一样。
⑫ 潦倒：衰颓，失意。这里指衰老多病，志不得伸。
⑬ 新停：刚刚停止。杜甫晚年因病戒酒，所以说"新停"。

译文

秋风急转，高远的天空下猿猴的啼叫声透露着悲哀；江水清澈，白沙覆盖的小洲上，鸟儿在急风中飞舞盘旋。

树叶纷纷飘落，好似没有止境；长江水滚滚向东流，仿佛没有尽头。

我远离故土，长期漂泊在他乡，这一生多病，独自登上高台。

国运艰难，我也命运多舛，遗憾一生就这么过去，如今鬓角头发都白了，衰老多病，潦倒困顿，偏又刚刚停下浇愁的酒杯。

点睛

重阳之日，诗人登台于长江之滨，望秋叶纷落，起无尽怀思。首联以景起笔，上句从听觉落笔，飒飒风声夹杂猿啸哀鸣；下句则从视觉落笔，白沙清渚加上回旋飞鸟。颔联勾勒出无垠的空间和时间，人立于苍茫之时空，无所依傍的孤寂感似落叶层层覆下，更像长江水波波袭来。颈联叙写被迫羁旅异乡，仅一个"常"字，就轻易地将所有希冀付诸幻影。杜甫已年老身残，勉力登上高台，眺望山高江阔，一个"独"字体现其心境惘然。尾联说两鬓飞霜、时不我与；加上穷病潦倒，不得不戒断聊饮浊酒之习。全诗用工整的对仗描绘立体的动态画像，秋日肃杀跃然纸上。杜甫老病感伤，季节更添悲凉，而长江依然奔流不息。本诗以自然的无限反衬人生的有涯，诗人满腔感慨，冷峻、凄凉中仍见激越之意。

经典诵读

关于"长江"的经典名句还有很多,以下这些都可以记下来。

长江悲已滞,万里念将归。(王勃《山中》)

这两句诗通过长江的壮阔与永恒,反衬出诗人自身滞留他乡的境遇和对归乡的渴望。长江的滚滚东流,似乎因诗人的悲愁而停滞,这种拟人化的手法赋予了长江以情感,使其与诗人的内心世界产生共鸣。"万里念将归"则直接表达了诗人渴望归去的强烈情感。"长江"的意象在这里不仅是自然景观,更是诗人情感的投射,它承载着诗人对家乡的无限思念和对归期的无限期盼。

至今思项羽,不肯过江东。(李清照《夏日绝句》)

项羽在垓下之战中兵败,乌江亭长劝他渡江回到江东重整旗鼓,但项羽觉得自己无颜见江东父老,最终自刎而死。李清照借此典故,追思项羽的精神和气节,表达了对南宋统治者逃避现实、苟且偷安、不思抗争的强烈不满。

江上往来人,但爱鲈鱼美。(范仲淹《江上渔者》)

这首诗充分体现了诗人对底层人民的同情:长江上有无数达官贵人来来往往,他们有谁不喜欢鲈鱼鲜嫩的口感?然而,在这些大饱口福的食客中,有几个人能想到在冰冷的江水和翻滚的波浪间辛勤忙碌的渔人,能够体谅他们的生计艰难?这就是写下"先天下之忧而忧,后天下之乐而乐"的范仲淹,他真正做到了"居庙堂之高则忧其民,处江湖之远则忧其君"。

千古兴亡多少事?悠悠。不尽长江滚滚流。(辛弃疾《南乡子·登京口北固亭有怀》)

辛弃疾一生都在为收复失地奔波,面对长江,他不禁发问,从古至今，到底有多少国家兴亡之事呢？然而，往事悠悠，是非成败已成过往，只有这无尽的江水依旧滚滚东流。"悠悠"不仅暗示了漫长的时间跨度，也表现了词人心中无尽的愁思和感慨。长江滚滚奔腾向东，气势非凡，与之相比，一人一事、一朝一代的兴衰都变得渺小了，这充分体现了历史的空间感和厚重感。

不知江月待何人，但见长江送流水。（张若虚《春江花月夜》）

这两句诗表达了诗人对时间流逝和人生无常的深刻感慨。滚滚东流的长江水象征着时间的流逝和生命的连续性。在这里，长江不仅是自然景观，更是承载着诗人情感和哲思的文化符号。诗句中的"江月"和"流水"构成了一幅动静结合的画面，江月似乎在等待某个人，而长江水却不停地流淌，这种对比强化了时间的无情和生命的有限。诗人通过这样的意象，传达了对宇宙永恒和人生短暂的深刻认识，以及对自然和人生哲理的深刻感悟。

凤凰台上凤凰游，凤去台空江自流。（李白《登金陵凤凰台》）

江水意象的妙用，反映出古人的时间意识、历史认知、生命态度，以及对自然的钟情。豪迈、壮阔、悲叹、思念、离愁，都倾注于脉脉清流，随岁月奔涌。飞走的凤凰代表着如同烟火一样璀璨一时的英雄人物，而始终奔流的江水则像时间一样，默默地作为历史的见证。唯有独特非凡的汉语，方能成就如此开阔、深沉而灵动的意境。

长江浩浩西来，水面云山，山上楼台。（赵德圭《折桂令》）

长江自夔门向东，穿过三峡天险，经湖北，过江西，流安徽，入江苏，两岸虽然不乏高山丘陵，但地势基本上比较平坦，没有什么障碍，江水如脱缰的野马，浩浩荡荡，一泻千里。但到了镇江附近，却突然出现"水面云山"的景象，巍峨的金山在江中突兀而起。山立江中，这本身就是自然界的一种奇景，即使作静态描写，也可谓大观。

大显身手

1. 阅读下面这首诗,回答问题。

凉州词

[唐] 王之涣

黄河远上白云间,一片孤城万仞山。

羌笛何须怨杨柳,春风不度玉门关。

【注释】

❶ 凉州词:又名《出塞》,是为当时流行的一首曲子配的唱词。

❷ 远上:远远向西望去。

❸ 孤城:这里指玉门关。

❹ 仞:古代的长度单位,一仞相当于周尺八尺或七尺。周尺一尺约合二十三厘米。

❺ 羌笛:羌笛是羌族的一种管乐器。

❻ 何须怨:何必埋怨。何须,何必。

❼ 杨柳:指古曲《折杨柳》。古文中常以杨柳喻送别,《折杨柳》也常被用来叙唱士卒辞家出征,或亲朋之间别离寄思。

❽ 度:越过。

❾ 玉门关:由汉武帝置,因西域输入玉石取道于此而得名。故址在今甘肃敦煌西北小方盘城,是古代通往西域的要道,六朝时关址东移至今安西双塔堡附近。

此诗中"黄河远上白云间,一片孤城万仞山"的景色描写烘托出怎样的氛围,如何呼应后两句?

2. 比较下面这两首词中"长江"意象的异同。

念奴娇·赤壁怀古

[宋]苏轼

大江东去,浪淘尽,千古风流人物。故垒西边,人道是,三国周郎赤壁。乱石穿空,惊涛拍岸,卷起千堆雪。江山如画,一时多少豪杰。

遥想公瑾当年,小乔初嫁了,雄姿英发。羽扇纶巾,谈笑间,樯橹灰飞烟灭。故国神游,多情应笑我,早生华发。人生如梦,一尊还酹江月。

【注释】

❶ 念奴娇:词牌名,又名"百字令""酹江月"等。

❷ 赤壁:此指黄州赤壁,一名"赤鼻矶",在今湖北黄冈西。而三国古战场的赤壁,文化界认为在今湖北省赤壁市蒲圻县西北。

❸ 大江:指长江。

❹ 淘:冲洗,冲刷。

❺ 风流人物:指杰出的历史名人。

❻ 故垒:旧时军队营垒的遗迹。

❼ 周郎:指三国时吴国名将周瑜,字公瑾,少年得志,二十四为中郎将,掌管东吴重兵,军中皆呼为"周郎"。下文中的"公瑾",即指周瑜。

❽ 雪:比喻浪花。

❾ 小乔初嫁了:《三国志·吴志·周瑜传》载,周瑜从孙策攻皖,"得桥公两女,皆国色也。策自纳大桥,瑜纳小桥。"乔,本作"桥"。其时距赤壁之战已经十年,此处言"初嫁",是言其少年得意,倜傥风流。

❿ 雄姿英发:形容周瑜姿容雄伟,英气勃发。

⓫ 羽扇纶巾:古代儒将的便装打扮。羽扇,羽毛制成的扇子。纶巾,配有青丝带的头巾。

⓬ 樯橹:这里代指曹操的水军战船。樯,挂帆的桅杆。橹,一种摇船的桨。

⓭ 故国:这里指赤壁古战场。

⑭ 神游：于想象、梦境中游历。
⑮ "多情"二句："应笑我多情，华发早生"的倒文。
⑯ 华发：花白的头发。
⑰ 一尊还酹江月：古人以酒浇在地上祭奠。这里指洒酒酬月，寄托自己的感情。
⑱ 尊：同"樽"，一种盛酒器，这里指酒杯。

临江仙
［明］杨慎

滚滚长江东逝水，浪花淘尽英雄。是非成败转头空。青山依旧在，几度夕阳红。

白发渔樵江渚上，惯看秋月春风。一壶浊酒喜相逢。古今多少事，都付笑谈中。

【注释】

❶ 东逝水：指江水向东流去，这里将时光比喻为江水。
❷ 淘尽：荡涤一空。
❸ 成败：成功与失败。
❹ 青山：青葱的山岭。
❺ 几度：虚指，这里是几次、好几次之意。
❻ 渔樵：渔翁、樵夫，指隐居不问世事的人。
❼ 渚：原意为水中的小块陆地，此处意为江岸边。
❽ 秋月春风：指良辰美景，也指美好的岁月。
❾ 浊酒：用糯米、黄米等酿制的酒，较浑浊。

十一月 迎雪扬帆

冬季的寒风和冰雪让行人苦不堪言，

但大地在雪的滋润下来年会更肥沃。

我们也不应该被生活中的"风雪"所阻挡，

要直面困难，向着未来远航。

农历十一月是冬季的中间月份，因此称为仲冬。古人还称这个月份为建子之月、冬月、辜月。清代人赫懿行在对《尔雅》进行注疏时解释道："辜者，故也。十一月阳生，欲革故取新也。"古人认为十一月中的冬至节气是阳气生发的日子。因此，这个月看似寒冷，却蕴藏着革故鼎新的力量。

大雪 × 雪

　　大雪时节，天气更加寒冷。到了这个节气，太阳直射点接近南回归线，北半球昼短夜长。在中国北方大部分地区，冬天都会下雪。雪是降水的一种形式，它由小的冰颗粒物构成，是从云中降落的结晶状固体冰，常以雪花的形式存在。由于在农历十一月，雪会比之前下得更大，而且由于天气寒冷，雪落至地面后不易融化，甚至可能会结冰，故而将这个节气命名为"大雪"。

意象课堂

"雪"是中国文学作品中传统的抒情意象，具有丰富的意蕴和独特的审美价值。雪花是冬天的名片，是上天赐予大地的最奇妙的景观，也是诗人感情的寄托、心灵的归宿。"雪"的意象，在不同的诗人笔下、不同情境之中姿态各异，丰富多彩，情感万千，美不胜收。

严酷的"飞雪"

冰雪弥漫、冰封雪冻，往往意味着路途阻隔、步履艰难，有空旷寂寥之感。漫天的飞雪会给生活带来许多不便，对于贫苦的人家而言更是寒冷的灾难。雪大天冷之时，富贵之家和穷苦之人的不同境遇形成强烈对比，体现了贫富悬殊、忧乐迥异的社会现实，因此古代诗人对飞雪的描写也常常寄寓着他们对劳动人民苦难生活的关切。

纯洁的"白雪"

白色是纯洁的颜色。有一首著名的古琴曲名为《墨子悲丝》，曲意深刻，音调悠扬。相传，墨子发现，本来用白色的蚕丝织成的丝绸，如果用黑色的颜料浸染就会变成黑色，如果用黄色的颜料浸染就可以变成黄色，而人也好像是这曾经纯白的丝绸，在社会的浸染下变得不再纯洁。白色象征着纯净的灵魂、高洁的品格，雪更是以其冰莹皎洁成为古人心中纯洁的代表。

助农的"瑞雪"

在雪中，我们看到了残酷，也能看到希望。俗话说"瑞雪兆丰年"，冬天的鹅毛大雪滋润土地，来年肥沃的大地将为农民带来丰收。这句俗语也蕴含着中国古代人民对于世界的哲学思考：在寒冷季节中肆虐人间的雪，却也蕴藏着希望和生机。

诗词例讲

说起以"雪"为题的诗,我们先来看白居易谪居江州时创作的《夜雪》。

夜雪

［唐］白居易

已讶衾枕冷,
复见窗户明。
夜深知雪重,
时闻折竹声。

注释

❶ 讶:惊讶。
❷ 衾枕:被子和枕头。
❸ 折竹声:指大雪压折竹子发出的声音。

译文

枕头和被子寒冷如冰,不禁让我很惊讶,
又看见窗户被白雪反射的月光照得通明。
深夜里我仍然知道雪下得很大,
因为不时地能听到积雪把竹枝压折的声音。

点睛

　　诗人仅用二十字构筑起一幅深夜大雪的图景，表现出其内心的孤独和寂寞。首句从触觉写起，写诗人躺在床上，感受到被子和枕头的冰冷，由此可知这是一个冬夜。第二句从视觉写起，夜深却见窗明，好像窗户外面亮着光，实际上是由于雪下得很大，反射了月光，文中无雪字而有雪景。第三句是写诗人对夜晚下雪的深刻感受，同时也说明雪越下越大。最后一句从听觉写起，"时闻折竹声"，描写了积雪压折竹枝的声音，衬托出雪之"重"。整首诗通过对自然环境的描写，表现了诗人在寒冷的冬夜难以安睡，内心充满了孤独和寂寞。

看过了南方的雪景，让我们追随诗人的脚步远赴塞外，去看一看塞北的雪景。

白雪歌送武判官归京

[唐] 岑参

北风卷地白草折，胡天八月即飞雪。
忽如一夜春风来，千树万树梨花开。
散入珠帘湿罗幕，狐裘不暖锦衾薄。
将军角弓不得控，都护铁衣冷难着。
瀚海阑干百丈冰，愁云惨淡万里凝。
中军置酒饮归客，胡琴琵琶与羌笛。
纷纷暮雪下辕门，风掣红旗冻不翻。
轮台东门送君去，去时雪满天山路。
山回路转不见君，雪上空留马行处。

注释

❶ 武判官：姓名、生平不详。判官，官职名，是节度使、观察使一类的僚属。

❷ 白草：西北的一种牧草，晒干后变为白色。

❸ 胡天：指塞北一带的天空。胡，古代汉民族对北方各民族的通称。

❹ 梨花：春天开放，花作白色。这里比喻雪花积在树枝上，像梨花开了一样。

❺ 珠帘：用珍珠缀成的帘子。形容帘子的华美。

❻ 罗幕：用丝织品做成的帐幕。形容帐幕的华美。

❼ 狐裘：狐皮袍子。

❽ 锦衾：锦缎做的被子。

⑨ 角弓：两端用兽角作装饰的硬弓。
⑩ 不得控：（天太冷而冻得）拉不开（弓）。
⑪ 都护：唐朝镇守边镇的长官。此为泛指，与上文的"将军"是互文。
⑫ 铁衣：铠甲。
⑬ 瀚海：沙漠。
⑭ 惨淡：昏暗无光。
⑮ 中军：指主将或指挥者。古时分兵为中、左、右三军，中军为主帅的营帐。
⑯ 饮归客：宴请归京的人，指武判官。饮，动词，宴请、宴饮。
⑰ 胡琴琵琶与羌笛：都是当时西域地区的民族乐器。
⑱ 辕门：领兵将帅的营门。古代军队扎营，用车环围，出入处以两车车辕相向竖立，状如门。
⑲ 风掣：红旗因雪而冻结，风都吹不动了。
⑳ 掣：拉，扯。
㉑ 冻不翻：旗被风往一个方向吹，给人以冻住之感。
㉒ 满：铺满。形容词活用为动词。
㉓ 山回路转：山势回环，道路盘旋曲折。

译文

呼呼的北风席卷大地，连白草也被吹折。塞北的天空，才农历八月就雪花纷飞。

好像是一夜之间春风突然吹来，千万棵树上梨花同时绽放。

雪花飘进珠帘，打湿了帐幕，穿着狐皮袍子仍然不觉得暖和，织锦的被子都显得单薄了。

将军、都护的硬弓也冻得拉不开，他们的铁甲、战衣也冰冷得无法披戴。

无边的沙漠覆盖着厚厚的冰层，万里长空阴云暗淡，好像凝固了似的一动不动。

在主帅的营帐中，将军宴请回京的客人，宴会上演奏着胡琴、琵琶、羌笛等乐器。

到了晚上，军营外下起了大雪，风吹着红旗往一个方向摆动，就好像旗被冻住了一样。

从轮台城的东门送您离开，这时雪已经铺满了天山下的路。

山路曲折，山峰环绕，渐渐看不到您的身影，雪地上只留下马走过的蹄印。

> **点睛**
>
> 　　这首诗描写了边塞大雪的壮美景色，通过抒写边塞雪中送别友人，表现诗人与武判官之间的依依惜别之情。诗中所表现出来的浪漫主义色彩和壮逸情怀使人为之神夺，与其他边塞诗歌中"雪"作为苦寒意象不同，本诗中的塞外风雪更偏向于壮美，在这样的雪天与朋友离别也并不令人伤感。全诗内涵丰富，笔调奇特，色彩瑰丽，气势磅礴，意境独特，有细节勾勒（如"风掣红旗冻不翻"），有生动摹写（如"都护铁衣冷难着"），也有浪漫奇妙的想象（如"千树万树梨花开"），读来具有极强的艺术感染力，体现了大唐将士以苦为乐、积极向上的勇士精神。

经典诵读

关于"雪"的经典名句还有很多,以下这些都可以读一读,记下来。

燕山雪花大如席,片片吹落轩辕台。(李白《北风行》)

李白以"雪花大如席"的夸张比喻,形象地展现了雪花的硕大与密集,给人以强烈的视觉冲击,传达出北方冬日的严寒与辽阔。同时,"片片吹落轩辕台"则赋予了雪花以动态之美,描绘了雪花随风飘洒、覆盖轩辕台的景象,既表现了雪的轻盈飘逸,也隐含了历史的厚重感。这两句诗通过对雪的描绘,不仅展现了自然景观的壮美,也寓情于景,反映了诗人对边疆将士的深切同情和对战争苦难的深刻反思。

欲渡黄河冰塞川,将登太行雪满山。(李白《行路难》)

这两句充分描绘了行路之难,并将这一份艰难引申到人生,从具体到抽象。冬天结冰的黄河、大雪覆盖的太行山确实是难以渡过,在现实生活中遇到了一时的风雪,待风雪平静后就可渡过,那如果是遇到人生的坎坷呢?这里的"冰"和"雪"也是在比喻诗人自己郁郁不得志,这才是真正的"行路难"。

夜来城外一尺雪,晓驾炭车辗冰辙。(白居易《卖炭翁》)

元白诗作为新乐府的代表,其一大特点就是贴近民生疾苦。卖炭的老者在大雪天依然要辛苦赶车出门卖炭,所得也仅够维持生计,甚至都不足以维持温饱。此处的冰雪一方面写出了天气的严酷,同时也写出了当时社会现实的严酷:底层人民辛苦劳作,却依然缺衣少食、朝不保夕,境遇凄惨。

柴门闻犬吠,风雪夜归人。(刘长卿《逢雪宿芙蓉山主人》)

屋外风雪交加,什么都看不清,只能通过看家护院的狗的叫声,猜测出有人前来。诗人通过侧面描写,表现出山中风雪之盛。诗人进一步猜测，在这风雪之夜也不会有别人来，只可能是回家的主人。这两句仅用十个字就写出了风雪之大，描绘出一幅主人隐居山中的图景。

君埋泉下泥销骨，我寄人间雪满头。（白居易《梦微之》）

这两句诗以"雪"的意象表达了诗人对逝去友人元稹的深切怀念和对生命无常的感慨。这里的"雪满头"不仅是对白发的比喻，也隐喻了岁月的流逝和生命的衰老。雪的纯洁和冷寂衬托着诗人内心的孤独和哀伤，增强了诗句的情感深度。同时，雪的覆盖和埋藏之意，与"泉下泥销骨"相呼应，传达了对逝去之人的哀悼和对生命终结的沉思。

云横秦岭家何在？雪拥蓝关马不前。（韩愈《左迁至蓝关示侄孙湘》）

杜甫曾言："文章憎命达。"韩愈前半生仕途顺利，作为文坛领袖也不乏佳作，当其因谏迎佛骨一事遭贬谪之后，更是写出不少传世佳作，这首诗就是其中之一。这两句诗寓情于景，将坎坷的生活与眼前的满山大雪交融在一起，既是问家何在，也是问路何在；既是马难以前行，也是人难以前行。诗人用平淡的文字道出了千古文人逆境之中的辛酸。

梅子金黄杏子肥，麦花雪白菜花稀。（范成大《四时田园杂兴（其二十五）》）

诗中此处所写之雪并非真雪，只是用其色。诗人以雪之白形容麦花之白，并与梅子之金黄形成对比，写出了夏季南方农村景物的特点，有花有果，有色有形。实际上，用雪来代指白色，在古诗词中很常见，比如李白《将进酒》中"君不见高堂明镜悲白发，朝如青丝暮成雪"，便是用雪之白来代指发之白，与诗句中感叹时光匆匆、人生苦短的情感相结合，暗含的意思是人垂垂老矣时，如同冬天是一年的末尾，可谓"得其神"。

十一月·迎雪扬帆

冬至扬帆

古人认为冬至之日"蚯蚓结",蚯蚓感阴气蜷曲,感阳气舒展,六阴寒极时,纠如绳结。冬至后五日"麋角解",麋属阴,泽兽,感阳气而在冬至解角。再五日"水泉动",水乃天一之阳所生,现在一阳初生,所以,水泉已经暗暗流动。

冬至这天白昼最短,夜晚最长,从此以后白昼会越来越长,太阳的力量也越来越强,因此冬至代表着希望和新生。它就像是在海上航行之时扬起的帆,给人带来前进的力量和驶向光明的信心。因此,古人从冬至这一天开始计数,在数到八十一天(九个九天)之后,就迎来了春天。

意象课堂

古人对"帆"字的解释是"随风张幔曰帆。使舟疾,泛泛然也"。其字形来自帆的本体"布",其字音来自帆的作用"泛"(让船快速地浮在水面上前进)。因此,提到帆就离不开水,离不开船,离不开远行,离不开一种向着未来奋斗的昂扬精神。

浩大的"云帆"

《庄子·逍遥游》中有言:"且夫水之积也不厚,则其负大舟也无力。风之积也不厚,则其负大翼也无力。"想要为巨舟提供动力,就需要如同垂天之云那样大的帆。可见,"云帆"象征着前进路上的强大动力,也代表了古人面对未知的浪漫主义情怀。

形单影只的"孤帆"

受限于科技水平和生产力,古代的船大部分都是渔民手工打造的小船,出海时多是一艘孤舟,而非轻松跨越大洋的巨轮。因此,"孤帆"象征独自前行的勇气,但也透露着无依无靠的悲凉。

强劲的"风帆"

说到帆就离不开风,日常生活中我们用"一帆风顺"表达祝福。顺风顺水的时候,帆可以让船开得更快,起到事半功倍的效果。不难想象,一张被风吹满的帆,能够提供何等强劲的动力!所以在古人心中,风帆代表着强大的力量,蕴含着顺利、吉祥等含义。

匆匆的"千帆"

在繁华盛世,无论是在大江大河的缓流之处,还是泉州、福州等繁忙的港口,均是千帆竞发。一眼望不到边的船帆,构成了辽阔中华的繁荣景象。在黄河、长江、大运河、渤海、黄海、东海之上,数不尽的船帆体现了古代勤劳智慧的中国人征服大自然的雄心壮志。

诗词例讲

让我们来看看面对坎坷人生仍然乐观豁达的苏轼，是如何使用"帆"这一意象的。

浣溪沙·渔父

[宋]苏轼

西塞山边白鹭飞，散花洲外片帆微。桃花流水鳜鱼肥。

自庇一身青箬笠，相随到处绿蓑衣。斜风细雨不须归。

注释

1. 西塞山：山名，在今湖北省黄石市。
2. 散花洲：指与西塞山相对的一处江滨小洲。
3. 鳜鱼：俗称"桂鱼"，长江中游黄州、黄石一带的特产。
4. 庇：遮盖。
5. 箬笠：用竹篾做的斗笠。
6. 蓑衣：用草或棕叶做的雨衣。

译文

西塞山边，白鹭在飞翔，散花洲外，片片帆影飘动。桃花水汛期，鳜鱼长得非常肥美。

我头戴青色斗笠，身披绿色蓑衣，四处漫游。在斜风细雨中乐而忘归。

> **点睛**

　　苏轼的这首词是对唐代张志和《渔歌子》的改写和致敬，这种文学形式被称为"隐括"。他通过对原有的诗文名篇进行缩写、剪裁、增删，形成新的作品，体现出独特的意蕴。"帆"是苏轼在改写时新加入的意象之一。它的动态美为诗歌描绘的山水画面增添了活力，同时也体现出渔父自由自在、远离纷扰的劳作和生活状态，传达出苏轼对归隐自然的向往。

　　苏轼的人生是跌宕起伏的，但是他把这些坎坷都化作了精彩。他用乐观和豁达的态度为我们展示了一个不会被命运打败、积极享受人生的达者。这首词的上片写青山、蓝水、绿洲配上白鹭、白鱼、白帆，素雅恬淡，呈现的是长江中游一带特有的田园春光，通过对自然景物的描绘，反映了词人对自然美景的热爱和对生命的感悟。下片写青箬笠、绿蓑衣和（白）细雨，塑造的是一位与自然和谐共生、融为一体的渔父形象，烘托出乐而忘归的田园生活情调。整首词构思清新，写景描绘生动，展现了词人豁达自得、洒脱随性的人生态度。

十一月·迎雪扬帆

看过了潇洒自在的"轻帆",我们再换一个角度,去欣赏帆的形象。

望天门山

[唐]李白

天门中断楚江开,
碧水东流至此回。
两岸青山相对出,
孤帆一片日边来。

注释

❶ 天门山:位于安徽省和县与芜湖市长江两岸,在江北的叫西梁山,在江南的叫东梁山,两山隔江对峙,形同天设的门户,由此得名。
❷ 中断:江水从中间隔断两山。
❸ 楚江:即长江。因为古代长江中游地带属楚国,所以叫楚江。
❹ 开:劈开,断开。
❺ 至此:意为东流的江水在这转向北流。
❻ 回:回旋,回转。指这一段江水由于地势险峻方向有所改变,水势更加汹涌。
❼ 两岸青山:分别指东梁山和西梁山。
❽ 出:突出,出现。
❾ 日边来:指孤帆从水天相接处驶来,远远望去,孤舟仿佛来自日边。

译文

长江从中间把天门山劈开,
向东流的碧绿江水在此转向北流。
两岸青山互相对峙,远远望去,
有一片孤舟仿佛从日边驶来。

> **点睛**
>
> 　　此诗以"望"字统领，观其题目，就知道这是一首江行写景的七绝诗，可见作为描写对象的天门山风光，系诗人舟中放眼而"望"之所得。诗中的山水紧密关联，互为映衬。楚江浩荡，似乎把"天门"冲"开"，而"天门中断"使楚江得以奔腾而出。天门两峰横夹楚江，而楚江激流穿越天门。山依水立，水由山出，山水相连，景象壮观。"碧水东流"为山峰所遏制，故至天门而回旋，山为水开，水为山回，互为制约，又融为一体。"相对出"的"两岸青山"与水中的"孤帆一片"点面结合，动静相衬，构成一幅完整而动人的画面。"孤帆"可以说是全诗的点睛之笔，赋予静态的山水景色以灵动的感觉，起到了人与景互动、静与动互衬的作用。青山似有情，欣然出迎远来的孤帆，展现出了极为宏阔壮观的景象。

经典诵读

关于"帆"的经典名句还有很多,以下这些都可以读一读,记下来。

长风破浪会有时,直挂云帆济沧海。(李白《行路难三首(其一)》)

这里的"云帆"象征着诗人远大的抱负和对理想的追求。帆是船上乘风破浪的工具,而"直挂云帆"则形象地描绘了诗人不畏艰难、勇往直前的决心。在广阔的沧海中,帆的升起意味着启航,象征着诗人对于冲破现实阻碍、实现个人抱负的坚定信心和乐观精神。通过"云帆"意象,李白传达了一种超越现实束缚、追求更高理想的精神追求,展现了诗人宽广的胸怀与动人的气魄。

过尽千帆皆不是,斜晖脉脉水悠悠。(温庭筠《望江南·梳洗罢》)

这首词写一女子登楼远眺,盼望归人的情景。这两句充分展现了女子希望与失望交替的过程:每当远处出现一道帆影,她便望去,盼望着是思念之人在船上,心随着船渐行渐近而越发紧张,希望也渐渐高涨,可是船到近处却无情地继续前行,原来这并不是她等待的船和人,其失望之情跃然纸上。

孤帆远影碧空尽,唯见长江天际流。(李白《黄鹤楼送孟浩然之广陵》)

传说李白在看过崔颢写的《黄鹤楼》后,曾感叹"眼前有景道不得,崔颢题诗在上头",但骄傲的诗仙怎会轻易认输,这首绝句确实可与"日暮乡关何处是?烟波江上使人愁"一较高下。李诗写送别之时,船已经扬帆而去,而他还在江边目送远去的风帆。诗人的目光追随着帆影,一直到帆影逐渐模糊,消失在碧空尽头,可见目送时间之长。帆影已经消失了，然而李白还在翘首凝望，他这才注意到一江春水浩浩荡荡地流向水天交接之处。诗人对朋友的一片深情就体现在这富有诗意的神驰目注之中。

潮平两岸阔，风正一帆悬。（王湾《次北固山下》）

"潮平两岸阔"，"阔"是表现"潮平"的结果。春潮涌涨，江水浩渺，放眼望去，江面似乎与岸平了，船上人的视野也因之开阔。一个"阔"字写出恢宏阔大的气象。下一句中"悬"是端端直直地高挂着的样子，诗人不用"风顺"而用"风正"，是因为"风顺"并不足以保证"一帆悬"：风虽顺，却很猛，那帆就鼓成弧形了，只有既是顺风，又是和风，帆才能够"悬"。这个"正"字，兼顾了"顺"与"和"的含义。

青山缭绕疑无路，忽见千帆隐映来。（王安石《江上》）

本诗写泛舟江上所见景物，不仅有景，而且景中有人，景中有意，蕴深邃的哲理于寻常景物之中，启人遐思，耐人寻味。陆游的"山重水复疑无路，柳暗花明又一村"，正是由此生发而来。青山回环往复，帆影时隐时现，正是想要告诉读者，纵然前途遥远，而道路无穷，未来可期。

惆怅孤帆连夜发，送行淡月微云。（苏轼《临江仙·送钱穆父》）

在这两句词中，孤帆连夜出发的情景烘托出一种凄清、幽冷的氛围，渲染了作者与友人分别时郁郁寡欢的心情。苏轼的这首词并非妇孺皆知的名作，但其中的"人生如逆旅，我亦是行人"却是吟唱至今的名句。在如此压抑的心情之中，还能写出"人生如逆旅"之言，可见作者伤感之中的豁达，悲观之中的淡然。苏轼一生坎坷，虽然诗作总是积极昂扬，但在分别之时，又怎能不伤感、不悲叹呢？

大显身手

1. 阅读下面这首词，回答问题。

沁园春·雪

毛泽东

北国风光，千里冰封，万里雪飘。望长城内外，惟余莽莽；大河上下，顿失滔滔。山舞银蛇，原驰蜡象，欲与天公试比高。须晴日，看红装素裹，分外妖娆。

江山如此多娇，引无数英雄竞折腰。惜秦皇汉武，略输文采；唐宗宋祖，稍逊风骚。一代天骄，成吉思汗，只识弯弓射大雕。俱往矣，数风流人物，还看今朝。

【注释】

❶ 北国：指我国北方。

❷ 惟：只。

❸ 余：剩下。

❹ 莽莽：指白茫茫一片。

❺ 大河上下：犹言整条黄河。

❻ 顿失滔滔：（黄河）立刻失去了波涛滚滚的气势。

❼ 山舞银蛇，原驰蜡象：群山好像（一条条）银蛇在舞动，高原（上的丘陵）好像（许多）白象在奔跑。

❽ 天公：指天。

❾ 须：等到。

❿ 红装素裹：形容雪后天晴，红日和白雪交相辉映的壮丽景色。

⓫ 折腰：弯腰行礼，这里是倾倒的意思。

⓬ 秦皇：秦始皇嬴政。

⓭ 汉武：汉武帝刘彻。

⓮ 略输文采：文采本指辞藻、才华。这里是说秦皇、汉武武功甚盛，

相比之下，他们在文治方面的成就略有逊色。

⑮ 唐宗：唐太宗李世民。

⑯ 宋祖：宋太祖赵匡胤。

⑰ 稍逊风骚：意近"略输文采"。风骚，本指《诗经》里的《国风》和《楚辞》里的《离骚》，后来泛指文章辞藻。

⑱ 一代天骄：指可以称雄一世的英雄人物，泛指非常著名、有才能的人物。天骄，天之骄子。

⑲ 成吉思汗：元太祖铁木真。

⑳ 只识弯弓射大雕：只以武功见长。

㉑ 俱往矣：都过去了。

㉒ 风流人物：这里指建功立业的英雄人物。

这首词为何以"雪"为题？"雪"与主题的关系是什么？

2. 阅读下面这两首诗，谈谈你对其中"帆"这一意象的理解。

送日本国僧敬龙归
[唐] 韦庄

扶桑已在渺茫中，家在扶桑东更东。

此去与师谁共到，一船明月一帆风。

哭晁卿衡

［唐］李白

日本晁卿辞帝都，征帆一片绕蓬壶。

明月不归沉碧海，白云愁色满苍梧。

【注释】

❶ 敬龙：日本和尚名。

❷ 扶桑：古时传说的东方神木和国名，也指传说中太阳升起的地方。后世常用来指代日本。

❸ 渺茫：远而空荡的样子。

❹ 师：古代对僧人、道士的尊称。

❺ 晁卿衡：即晁衡，日本人，原名阿倍仲麻吕（又作安陪仲麻吕），公元717年来中国求学。

❻ 帝都：指唐朝京城长安。

❼ 蓬壶：指蓬莱、方壶，都是神话传说中东方大海上的仙山。

❽ 明月：比喻品德高洁、才华出众之士，此处指晁衡。

❾ 沉碧海：指溺死海中。

❿ 苍梧：本指九嶷山，此指传说中东北海中的郁州山。

十二月 松梅友寒

穷冬烈风，不能扼杀蓬勃的生机。

时光悠悠，不变的是生命的坚韧。

如梅花凌寒，如松柏长青。

农历腊月，是一年中的最后一个月，也被称为季冬、建丑之月（牛月）。在年终岁末，为了求得圆满，古人把最重大的事——祭祀先祖放在这时。腊祭多在农历十二月进行，因此从周代开始，便把农历十二月叫作腊月。虽然到了冬天的末尾，即将迎来新一年的春天，但仍是天寒地冻，万物凋敝。此时，人们在大自然中看到的动植物大多是耐寒的，这种耐寒的精神也被融入诗词之中，成为了中华民族坚韧不屈、勇于面对挑战的象征。

小寒 × 梅花

小寒是一年中的第二十三个节气。古人认为："小寒，十二月节。月初寒尚小，故云。月半则大矣。"这时正值"三九"前后，古人描述的小寒是："初候，雁北乡；二候，鹊始巢；三候，雉始鸲。"此时，大雁北迁，喜鹊筑巢，野鸡鸣叫。可见此时天气虽寒冷，但已有阳气回升的气象。

从小寒开始，古人挑选一种花期最准确的花为代表，叫作这一节气的花信风，意即带来开花音讯的风候。小寒的三种花是：一候梅花，二候山茶，三候水仙。下面，让我们一起走近诗词中的梅花吧！

意象课堂

梅花通常在晚冬至早春开放，故有"冬梅"和"春梅"。梅与兰、竹、菊一起被称为"四君子"，同时也分别对应着四季。梅又与松、竹一起称为"岁寒三友"。梅花凭借耐寒的特性，成为代表冬季的花。古人认为，梅花有"枝横""影斜""曳疏""傲雪"四大特点，对应了《易经》之中"元""亨""利""贞"四种高尚德行。

不惧风雪的"寒梅"

只有极少的植物能够抵御寒冷，更少有花会在寒冬开放。在风雪之中依然恣意绽放，在天地之间保留一抹生机和亮色的花，就是梅。梅树的枝干清瘦，不惧风雪；梅花开放时不像桃李那样灼灼其华，而是稀稀疏疏地绽放于枝干之间。这些特点在古人看来，都很好地体现了君子"和而不同""朋而不党""威武不能屈"的气节。

遒劲有力的"梅枝"

梅的树干、树枝和花一起，体现了梅花的精神。梅树枝干苍劲，宛转腾挪而上，有梅枝的辅助和供养，梅花才能够在冬天绽放。古人欣赏梅花于寒风之中仍然傲立枝头，梅枝也因其重要的作用和独特的美感，频繁地出现在古代以梅花为题的画作之中，成为中国"赏梅文化"的重要组成部分。

清冷幽静的"梅香"

飘散在冰天雪地中的梅花清香是大自然在冬天中给予我们的生机和希望，因此，描绘冬天的古诗词中常常出现梅香。梅香与众不同，它不像玫瑰、百合的香气那般浓烈，也不像桃花、杏花那样馥郁，而是幽幽地弥散在清冷的空气中。梅花从来不主动招揽欣赏者，只是默默地绽放，向我们展示着生命的坚韧和倔强。

诗词例讲

让我们来看一首咏梅的词,品味梅花在古人心中的形象。

> ### 山园小梅(其一)
> [宋] 林逋
>
> 众芳摇落独暄妍,占尽风情向小园。
> 疏影横斜水清浅,暗香浮动月黄昏。
> 霜禽欲下先偷眼,粉蝶如知合断魂。
> 幸有微吟可相狎,不须檀板共金樽。

注释

❶ 暄妍:景物明媚鲜丽,这里是形容梅花鲜艳。

❷ 疏影横斜:梅花疏疏落落,斜横的枝干投在水中的影子。疏影,指梅枝的形态。

❸ 暗香浮动:梅花散发的清幽香味在飘动。

❹ 黄昏:指月色朦胧,与上句"清浅"相对应,有双关义。

❺ 霜禽:白色羽毛的禽鸟。根据林逋"梅妻鹤子"的趣称,这里理解为"白鹤"更佳。

❻ 偷眼:偷偷地窥看。

❼ 合:应该。

❽ 断魂:形容神往,犹指销魂。

❾ 狎:玩赏,亲近。

❿ 檀板:檀木制成的拍板,歌唱或演奏音乐时用以打拍子。

⓫ 金樽:豪华的酒杯,此处指饮酒。

译文

百花凋零，只有梅花迎着寒风盛放，那明媚艳丽的景色把小园的风光占尽了。

梅花疏疏落落，横斜的枝干把倒影投在清浅的水中；清幽的花香飘荡在黄昏的月色下，衬托得月色愈发朦胧。

白鹤想飞落时，先来偷偷地窥看梅花几眼；粉色的蝴蝶如果知道梅花的美丽，一定会销魂荡魄。

好在我可以在梅园之中轻声吟唱，和梅花亲近，而不是敲着檀板唱着歌，执着金杯饮着酒来欣赏它。

点睛

诗人林逋隐居山中，以种梅养鹤为兴趣，《山园小梅》被喻为咏梅诗的巅峰之作，反映了林逋"趣向博远""弗趋荣利"的思想特质，是他个性的写照。

此诗开篇即表达了诗人对梅花的赞美之情。在百花凋零的冬季，梅花迎着寒风昂然开放，生机勃勃。首联中一个"独"字和一个"尽"字充分表现了梅花独特的生长环境、坚贞的品格和迷人的风采。颔联描绘了梅花的具体形象，巧妙地写出了梅花独特的气质和风姿。特别是"疏影"和"暗香"二词，恰到好处地表现出梅花与其他花卉的不同，也突显了梅花独有的芳香。这两句诗在艺术上取得了极高的成就，一直被后人称颂。林逋借鉴了前人的诗句"竹影横斜水清浅，桂香浮动月黄昏"，他只是将"竹"改为"疏"，将"桂"改为"暗"，便使梅花形象生动别致。

在写尽梅花的美后，诗人转而用客观的手法来描绘梅花与动物的互动。他先写禽鸟非常喜爱梅花，它在飞下来欣赏梅花之前，迫不及待地先偷看几眼。"先偷眼"三字写得非常形象。之后，诗人假想蝴蝶对梅花的喜爱,"合断魂"三字表面上凄苦沉重,实际上正表现出蝴蝶因爱梅花而失魂落魄,把蝴蝶对梅花的喜爱夸张到了极点。在诗人把梅花作为主体,通过议论、叙述和拟人等手法隐晦地表现自己的情感之后,在最后一句中,梅花变成了被欣赏的客体,而诗人则从借物抒怀变成直抒胸臆,在欣赏梅花时低声吟诗,在宁静的山林中自得其乐,不需要音乐和宴席那些热闹的场面来增添乐趣。至此,这首诗把诗人的理想、情操和趣味都展现了出来,达到了情景交融的境界。

陶渊明爱菊,享受"采菊东篱下,悠然见南山"的闲适;周敦颐爱莲,爱其"出淤泥而不染,濯清涟而不妖"的高洁;而林逋作为宋代著名隐士,在年轻时意气风发,才名远播,四十岁后隐居在杭州西湖,他喜梅与鹤,自谓以"梅妻鹤子",一生写了不少咏梅诗篇,以梅花寄托自己离群遁世的逍遥情怀。

看过了超然清远的"有形之梅",我们再看看王冕笔下的"墨梅"。

墨梅

[元]王冕

我家洗砚池头树,
朵朵花开淡墨痕。
不要人夸好颜色,
只留清气满乾坤。

注释

❶ 墨梅:用墨笔勾勒出来的梅花。
❷ 我家:因王羲之与王冕同姓,所以王冕自称"我家"。
❸ 洗砚池:写字、画画后洗笔洗砚的池子。东晋王羲之"临池学书,池水尽黑",这里是化用典故,自诩热爱书画艺术。
❹ 池头:池边。头,边上。
❺ 淡墨:水墨画中将墨色分为四种,如清墨、淡墨、浓墨、焦墨。这里是说那朵朵盛开的梅花,是用淡淡的墨迹点化成的。
❻ 痕:痕迹。
❼ 清气:梅花的清香之气。
❽ 满乾坤:弥漫在天地间。

译文

我家洗砚池边有一棵梅树,
朵朵开放的梅花都像是用淡淡的墨汁点染而成的。
不需要别人夸奖它的颜色多么好看,
墨梅只愿把清雅的香气留在人世间。

点睛

　　王冕非常喜欢梅花，他曾经隐居会稽，种下了几千株梅树，还在自己的茅草屋上题写了"梅花屋"这个名字，自号为"梅花屋主"，可见他对梅花有多么喜爱。

　　这首诗以"墨梅"为核心意象。对于"墨梅"到底指什么，有两种说法，一种说法认为"墨梅"是指用墨画出来的梅花，是创作出来的；另一种说法认为"墨梅"是指淡墨色的梅花。目前，我国多个梅花产地尚未发现有墨色的梅花，故我们以前一种为准。而且第一种理解方式的艺术性也更强，"墨梅"虚实兼具：其形如梅，其实为墨。诗中先提到"墨梅"是淡墨色的，并给其"杜撰"了一个神秘的来源：这梅花是用王羲之洗砚池的水浇灌而成，故而有着淡淡的墨色。后一句由形及神，指出"墨梅"的珍贵品质是不以颜色自夸，而是要把淡淡的清香留在天地之间。这清气就是梅花气节的体现，也是诗人自身的写照，说明了诗人不求功利、独善其身、不愿与世俗同流合污的人生态度。

经典诵读

关于"梅"的经典名句还有很多,可以帮助大家更好地理解这一意象。

无意苦争春,一任群芳妒。零落成泥碾作尘,只有香如故。(陆游《卜算子·咏梅》)

梅花不与百花争春,不追求世俗的赞美和宠爱,即使在风雨中凋零,被碾作尘土,依然保持着自己的清香,这种清香象征着诗人不屈不挠、高洁自持的人格。梅花的这种品格,正是陆游所推崇和自喻的,他通过梅花表达了自己即使在逆境中也不改其志、不屈其节的坚定信念。

俏也不争春,只把春来报。待到山花烂漫时,她在丛中笑。(毛泽东《卜算子·咏梅》)

梅花不与春光争宠,不与百花斗艳,它只是静静地开放,预告着春天的到来。当春天真正到来,百花盛开时,梅花则隐于花丛之中,以一种谦逊的姿态微笑。这里的梅花,以其不争春、不抢艳的特质,象征着一种淡泊名利、无私奉献的精神。作者通过梅花的形象,传达了即使在逆境中也要保持乐观和自信,为春天的到来默默奉献的高尚情操。与陆游的《卜算子·咏梅》相比,毛泽东笔下的梅花具有更坚定的信念和积极乐观的态度。

梅花南北路,风雨湿征衣。(文天祥《南安军》)

公元1279年,南宋厓山被元军攻陷,宋朝灭亡。文天祥在前一年被俘北行,在五月四日出大庾岭,经南安军(今江西大余)时写此诗。诗人此时跨越了大庾岭(梅岭)的南北两路。此处写梅花不是实景,而是因梅岭而说到梅花,借以和"风雨"对照,显示了一路之上心情的沉重。

墙角数枝梅,凌寒独自开。遥知不是雪,为有暗香来。(王安石《梅花》)

前两句寥寥十字，写出了梅花不惧严寒、傲然独放的姿态。后两句语言平实，但其中内藏玄机，把梅香的悠远、宁静、不自夸等一系列特质都表现了出来，从形到香、从香到神，把寒冬中孤高的梅花描绘得惟妙惟肖，因此，这首诗成为流传千古、脍炙人口的咏梅佳作。

何方可化身千亿，一树梅前一放翁。（陆游《梅花绝句》）

在这两句诗中，陆游对梅花的钟爱体现得淋漓尽致。诗人不单单将笔墨集中于梅花，更是把自己这个赏梅之人跟梅花紧密联系了起来，立意高迈脱俗，许愿化身千亿个陆游，在每一树梅花前都有个陆游，这样方才能够看遍这漫山遍野的梅花，才能恰如其分地表达出心中的爱梅之情。不仅如此，当"一树梅前一放翁"之时，放翁与梅花就如同庄子与蝴蝶一般难分彼此，更蕴藏了以花喻人、希望人如梅花的心愿。

借问梅花何处落，风吹一夜满关山。（高适《塞上听吹笛》）

在苍茫的边塞黑夜中，不知哪座戍楼上的士兵用羌笛吹起了《梅花落》的曲调。"梅花何处落"是将"梅花落"三字拆用，嵌入"何处"二字，意谓：何处吹奏《梅花落》？《梅花落》中的羌笛声，随着边塞的风飞扬，如同落梅的花瓣飘散于关山之上。句中梅花既表示曲目，又把笛声形象化为落梅，一语双关，精彩绝伦。

梅须逊雪三分白，雪却输梅一段香。（卢钺《雪梅》）

古往今来，在不少文学作品中，梅和雪都会被写成报春的使者、冬去春来的象征。在这两句诗中，诗人将梅与雪的不同特点进行了高度概括，写得既有情思，又有理趣，妙趣横生。诗人抓住了梅花和雪花的异同来进行比较，二者的相同之处是都绽放在寒冬，都洁白动人，而其不同之处在于，相比于雪，梅花不是纯白色的，但胜在有香气。这两句诗将生活中的细节化为诗歌的内涵，以小见大，由俗生雅，因而显得生动巧妙，意蕴深远。

十二月·松梅友寒

大寒 × 松柏

　　大寒是一年之中最冷的时候，温低、风大、地表积雪不化，呈现出冰天雪地、地冻天寒的严寒景象。《论语·子罕》中有："岁寒，然后知松柏之后凋也。"古人观察到松树经风耐寒的特性，于是用松树来比喻坚韧不拔的品格。由于松树多长在高山之上或深山之中，诗人们也常用它来比喻品德高洁的隐士。由于松树和柏树习性相似，故常并称为"松柏"。

意象课堂

　　松柏在寒冬中是一抹醒目的亮色。试想，在天寒地冻之中，上有凛冽的冷风夹杂着鹅毛大雪，地上或是之前下的雪结成寒冰，或是已经坚硬得像铁一样的土地，目之所及都已笼罩在寒气之中。而此时，松柏仍然像在其他季节时一样，粗糙的树干挺得笔直，干硬的树枝不屈地伸展着，翠绿的松针、柏叶在风雪中焕发着生机。松柏不屈服于寒冬的威力，也毫不畏惧寒冷的天气。这一意象在古人的眼中就是坚韧精神的最好象征。因此，"松柏"意象被古代的诗人赋予顽强不屈的品格。

坚韧的松柏

　　松柏遍布于我国北方，在越是寒冷的地方，就越容易发现它的身影。松柏最大的特点就是耐寒，它们不仅能够在秋冬仍保持旺盛的生命力，在风霜雨雪中也不会凋零枯萎。松柏的另一个特点是寿命长，俗话说"寿比南山不老松"。古人欣赏松柏在艰苦环境之中的坚持，更欣赏它抵抗悠悠岁月的长久。

高洁的松柏

　　松柏的生命力顽强，在山石之间也能扎根生长，如黄山的迎客松。在感叹其生命力顽强的同时，那些在古代隐遁于山林之中的隐士也常选择与松柏为友，因此，古人也常常用松柏指代远大的志向和高洁的品德。

卓尔不群的松柏

　　大多树木都是在春天长出绿色的叶子，到了秋天，树叶变成红色或黄色后凋落。而松柏却不同，它们的叶子不是扁平的，而是针状和鳞片状的。不仅如此，松柏在草木凋敝的冬天仍能保持苍翠，无惧风霜雨雪，这也使得松柏在古人眼中成了不同寻常的象征，用来比喻特别优秀、出众的人或事。

诗词例讲

让我们来看一篇以"松"为题的诗,感受"松"在其中的含义。

赠从弟(其二)

[汉] 刘桢

亭亭山上松,瑟瑟谷中风。
风声一何盛,松枝一何劲!
冰霜正惨凄,终岁常端正。
岂不罹凝寒?松柏有本性。

注释

1. 亭亭:挺拔的样子。
2. 瑟瑟:寒风声。
3. 一何:多么。
4. 惨凄:凛冽,严酷。
5. 罹凝寒:遭受严寒的侵凌。罹,遭受。

译文

高山之上松树耸立着,山谷之间吹动着寒风。
寒风吹过的声音多么大,而风中的松枝又是多么有韧劲!
冬天的冰雪寒霜凛冽严酷,但松树一年到头都是端端正正的。
难道松树没有遭到严寒的侵凌吗?(但是它依然青翠如故,)这是由它的本性决定的。

> **点睛**

　　这首诗看似咏物，实为言志，借青松之刚劲，明志向之坚贞。"从弟"就是堂弟，哥哥给弟弟写诗，既是表达自己的思想，也有对弟弟的教育、爱护之意。全诗都是在写松柏，而松柏所代表的正是坚韧不拔、不向环境屈服的勇毅之志。全诗开头就点出了核心意象"松"，之后的笔墨也是围绕"松"展开的。首联即勾勒出松的挺拔之态，同时，肃杀的风声又带来了紧张感。"亭亭"二字尽显松的傲然，而"瑟瑟"二字描摹了刺骨的风声，也增添了萧瑟的气氛。诗句绘影绘声，简洁生动。其中的"谷中"映衬"山上"，突出了青松在诗中画面的居中地位，也把读者的视角展开。

　　随后，三、四句则加强了抒情意味，两个"一何"强调诗人感受的强烈，且与首联不同，诗人先写风之"盛"，后写松之"劲"，以环境衬托，更好地表现了冲突的激烈和诗人的感慨之情。第三联是诗人在更大视角之下的观察，空间上由风势猛烈发展到酷寒的冰霜，时间上由眼前的松枝刚劲拓展为一年四季"常端正"，在这种拓展之后，诗人用一个瞬时的"正"和一个表示长时间的"常"相互呼应，更突显了环境的严酷和青松岁寒不凋的特性。最后一联以有力的一问一答作结，明确了全诗的主题，把读者的眼光从"亭亭""端正"的外貌透视到松树内在的本性，亮出了诗人想要借诗歌表达的志向：松树之所以不畏狂风严寒，是因为有坚贞不屈的高风亮节，这就是全诗的主题。

看过了松树坚韧的品格,让我们再换另一个角度,去欣赏松树的高洁。

寻隐者不遇

[唐]贾岛

松下问童子,
言师采药去。
只在此山中,
云深不知处。

注释

❶ 寻:寻访。
❷ 隐者:即隐士,隐居在山林中的人。古代指不愿做官而隐居在山野之间的人。
❸ 不遇:没有遇到,没有见到。
❹ 童子:小孩。这里指"隐者"的弟子。
❺ 言:回答,说。
❻ 云深:指山上云雾缭绕。
❼ 处:行踪,所在。

译文

(我)在松树下问年少的学童他的师父到哪里去了,
他说他的师父去采药了。
只知道师父就在这座大山之中,
而山中云雾缭绕,想来师父已经走到深山里,不知道他到底在哪里。

点睛

众所周知,贾岛是以"推敲"二字出名的诗人,长于"炼字"。同样,贾岛在谋篇构思方面也别出心裁。这首诗的特点是寓问于答,以言喻其不言。首句"松下问童子",乍看让人云里雾里,不知提问题的人与童子之间的关系、提问的具体内容,在这里把问话省去了。看到下一句的童子所答"师采药去",才知道当时在松树下,作者问童子的是他师父的去向。第三句是童子所答"只在此山中",又省略了问题,结合第二句能够想到第二个问题应该是"采药在何处",第四句童子又补充道"云深不知处"。诗人用四句诗表达了两轮问答,同时又写明了"三个人"(问者、童子、师父),言简意赅,意味深远。诗中的"松"虽然不是核心意象,但全诗起于"松下"二字,这为全诗定下了隐逸悠然的底色。

十二月·松梅友寒

经典诵读

关于"松柏"的经典名句还有很多，下面这些诗句可以帮助大家更好地理解这一意象。

如月之恒，如日之升。如南山之寿，不骞不崩。如松柏之茂，无不尔或承。（《诗经·小雅·天保》）

"如月之恒"和"如日之升"描绘了一种恒定与上升的意象，而"如南山之寿，不骞不崩"则以山的稳固和长久来比喻长寿和不衰。"如松柏之茂"不仅是对松柏四季常青、生命力旺盛的赞美，也隐喻了人应如松柏一般，无论环境如何变化，都能保持坚韧和不屈的品格。这里的松柏是中华文化中坚韧、高洁、长寿和永恒的象征。它们在严寒中依然挺立，不改其姿，不减其绿，正如人在逆境中更显坚贞和不屈。

为草当作兰，为木当作松。兰秋香风远，松寒不改容。（李白《于五松山赠南陵常赞府》）

兰和松都是古代文人喜欢的植物，李白在诗中将自己推崇兰和松的原因做了说明：兰和松都具有高洁傲岸的节操。古人常讲"以诗言志"，从这几句诗中我们就能看出，古人所追求的品德修养，其中就包含了如同松柏一般，面对艰难环境仍然不屈服、保持本色。"不改容"三个字，生动地描写了在寒冬之中松树坚韧从容的样子。

郁郁涧底松，离离山上苗。（左思《咏史八首（其二）》）

茂盛葱翠的松树生长在山涧底，风中低垂摇摆着的小树苗生长在山顶上。初读这两句时，读者可能会认为这只是描写山间景色的诗句。如果通读全诗我们就能明白，这两句运用了比兴的手法，写出在当时盛行的门阀制度之下，出身寒微且有才能的人受到压抑，无才无能的世家大族子弟占据要位，造成"上品无寒门，下品无势族"的不平现象。"涧松"

因此也成为才高位卑的寒士的代称。

新松恨不高千尺，恶竹应须斩万竿。（杜甫《将赴成都草堂途中有作，先寄严郑公五首（其四）》）

新栽的松树恨不能让它快速地长成千尺高树，到处乱生侵蔓的竹子应该斩掉它一万竿。杜甫这首诗所描写的是他离开已久，但仍然牵挂的草堂，对于新栽的松树和乱生的竹子爱憎分明，体现了诗人一直保持着自己的道德底线和价值判断。在乱世，诗人的才干难为社会所用，而各种丑恶势力却甚嚣尘上，诗人由此感慨万分。这两句诗深深交织着诗人对世事的爱憎。正因为其表现的感情十分鲜明、强烈而又分寸恰当，所以时过千年，至今人们仍用以表达对于客观事物的爱憎之情。

遥看是君家，松柏冢累累。（汉乐府《十五从军征》）

这首诗描写的少年十五岁被迫从军，直到八十岁才回到家中，发现早已物是人非。这两句就是他回乡时，故乡人对他所说的话："远远看去那就是你家，但现在已经是松柏青翠、坟冢相连了。"这不只是沧海桑田，而是原本幸福美满的家在时光和世事无常的摧残下，早已化为松柏之间的累累坟冢。在坟旁种植松柏，是因为其寿命长且耐寒耐旱，能够长久陪伴和庇护逝去的先人。因此，此处的松柏更添凄凉氛围。

大雪压青松，青松挺且直。（陈毅《青松》）

陈毅是我国著名的将帅诗人。据作者所述，此诗写于1960年一个下着大雪的冬夜，诗人辗转难眠。写松是借物咏怀，通过写松来写人、写民、写国、写时代。这两句诗写出了一股坚韧不拔、宁折不弯的刚直与豪迈之气，写出了新中国和中国人民在特定时代不畏艰难、雄气勃发、愈挫愈勇的精神。诗歌语言简洁凝练，只在十个字中，我们看到了雪的暴虐，感受到了松的抗争。读者在诗人的带领下，回到了那个年代：面对复杂恶劣的环境，国家和人民像青松一样承受着巨大的压力，又像青松一样奋力挺直。

大显身手

1. 请你试着将下面这首词改写成其他体裁的诗歌，比如五言、七言或者现代诗。

梅花落·中庭多杂树
[南朝] 鲍照

中庭多杂树，偏为梅咨嗟。

问君何独然？念其霜中能作花，露中能作实。

摇荡春风媚春日，念尔零落逐寒风，徒有霜华无霜质。

【注释】

❶ 中庭：庭院中。
❷ 咨嗟：叹息声。
❸ 其：指梅花。
❹ 作花：开花。
❺ 作实：结出果实。
❻ 尔：指杂树。
❼ 霜华：即前句"霜中能作花"的简称。
❽ 霜质：本指梅花的抗寒能力，借喻抵抗恶劣环境的本质。

2. 请阅读下面这首诗,并回答问题。"松风吹解带,山月照弹琴"中的"松风"意象有什么作用?

酬张少府

[唐] 王维

晚年唯好静,万事不关心。
自顾无长策,空知返旧林。
松风吹解带,山月照弹琴。
君问穷通理,渔歌入浦深。

【注释】

① 晚年:年老之时。

② 唯:只。

③ 好(hào):爱好。

④ 自顾:自念,自视。

⑤ 长策:目标长远的谋略计策。

⑥ 空知:徒然知道。

⑦ 旧林:指禽鸟往日栖息之所。这里比喻旧日曾经隐居的山林。

⑧ 解带:表示熟不拘礼,或表示闲适。

⑨ 君:一作"若",指如张少府。

⑩ 穷通:穷,指不能当官。通,指能当官。

⑪ 理:道理。

⑫ 浦深:河岸的深处。

参考答案

一月·春风拂草

1.【答案示例】此词开篇直言东风轻拂大地，几缕淡淡的云彩在天空飘荡。这两句里的"东风"和"萧萧雨"是词眼，领起了全篇词意。大好春光本应百花竞放，东风吹拂后却百花凋零。花开花落虽是自然规律，却引发了词人心中的无限愁绪。词人叹惋的其实不只是春色，也是自己年华渐逝、壮志未酬的悲哀。词中的抑郁哀婉之气令读者不禁联想到词人坎坷的经历，读之而动容。

2. 答案略。

3.（1）草长莺飞二月天
（2）谁言寸草心
（3）映阶碧草自春色
（4）芳草萋萋鹦鹉洲
（5）浅草才能没马蹄
（6）惟草木之零落兮
（7）草木知春不久归
（8）细草微风岸
（9）草色烟光残照里
（10）草径入荒园

4. 答案略。

二月·桃花归燕

1. 答案略。

2. A。

3.【答案示例】绮丽的隋宫已封闭多年，有情的燕子却年年如期而至，仿佛在为旧日繁华伤感。燕犹如此，人又情何以堪？诗人感时伤事，对整个宏阔历史进行反思。这首诗借"燕语"抒发对昔盛今衰、世事沧桑的感慨，既吊古，又伤今。安史之乱后，唐王朝已不复当年恢宏气象，书写隋宫燕的背后隐藏着诗人对现状的担忧。

三月·雨中折柳

1.【答案示例】此词情景交融，

239

抒写伤别怀人之情。上片表现别时情景。长亭折柳，从此远别，牵动愁肠，是以生恨。这个"恨"字为全篇主旨。"绿槐烟柳"乃三春美景，"柳"之美景与饯行送别的"长亭路"联系在一起，形成强烈反差，以乐景衬哀情，使人倍觉黯然魂销。

2.（1）清明时节雨纷纷

（2）渭城朝雨浥轻尘

（3）春潮带雨晚来急

（4）却话巴山夜雨时

（5）天街小雨润如酥

（6）空山新雨后

（7）山色空蒙雨亦奇

（8）夜雨闻铃肠断声

（9）山雨欲来风满楼

（10）细雨鱼儿出

3.答案略。

四月·杨花鸣虫

1.（1）萤火虫（诗句出自潘岳《萤火赋》）

（2）飞蛾（诗句出自鲍照《飞蛾赋》）

（3）蝴蝶（诗句出自刘孝绰《咏素蝶诗》）

（4）蚂蚁（诗句出自郭璞《蚍蜉赋》）

（5）螳螂（诗句出自成公绥《螳螂赋》）

（6）蜜蜂（诗句出自郭璞《蜜蜂赋》）

2.【答案示例】这两句别开生面地运用了拟人的手法，糅人与花于一体，熔景与理于一炉，表达了诗人对春天的无限留恋之情。杨花本属无情物，竟也学雪花漫天飞舞。其想象之奇实属罕见。面对晚春景象，诗人变被动感受为主观参与，一反常见的惜春伤感之情，情绪非常乐观向上。"杨花榆荚"不会因为"无才思"而胆怯藏拙，更不畏惧"班门弄斧"之嘲讽讥笑，而是大胆地为"晚春"添一番别样的春色。

五月·蝉声伴莲

1.【答案示例】此诗从距离之遥远写到想要回家的愿望，"地迥闻遥蝉"之句，写尽了羁旅他乡的苦楚和连年不归的现实境遇。望穿秋水般的等待，多少离愁都随着一声蝉鸣而唤醒，家乡的蝉鸣和荆山的蝉鸣,尽管相隔遥远,却都承载着两地人深重的思念。

2. 答案略。

3.(1)王诗中采莲少女天真烂漫,朝气蓬勃;白诗中采莲少女性格沉稳,腼腆害羞。

(2)王诗用荷叶与罗裙一样绿、荷花与脸庞一样红、不见人影闻歌声等手法加以衬托描写,巧妙地将采莲少女的美丽与大自然融为一体;白诗抓住人物的神情和细节精心刻画,一个羞涩而多情的少女形象仿佛就在我们眼前。

六月·云与蟋蟀

1.(1)黄河远上白云间

(2)白云生处有人家

(3)朝辞白帝彩云间

(4)云深不知处

(5)除却巫山不是云

(6)坐看云起时

(7)直挂云帆济沧海

(8)不畏浮云遮望眼

(9)溪云初起日沉阁

(10)曾照彩云归

(11)八千里路云和月

(12)黑云压城城欲摧

(13)天光云影共徘徊

(14)孤云独去闲

(15)愁云惨淡万里凝

(16)云中谁寄锦书来

(17)薄雾浓云愁永昼

2.【答案示例】诗人旅居在外,此时为月明之夜,他独自徜徉无定处,听到一阵阵蟋蟀的鸣叫声,只觉得这声音像针尖一般刺着他的心,使他内心的孤独和寂寞像野草一样蔓延、疯长,思乡之苦痛溢于言表。

七月·秋叶大鹏

1.(1)从黄叶、西风可以看出是秋天。

(2)从花落、绿叶成荫、果实长出可以看出是夏天。

(3)从青苔初长、黄鹂鸣叫可以看出是春天。

(4)从黄叶可以看出是秋天。

(5)从凋落的枫叶、残破的浮萍和荷叶可以看出是秋天。

2.【答案示例】作者以鹏鹞自比,表明希望如同大鹏展翅那样一展抱负的决心。马致远写下这首小令时还是青年，热衷于功名，认为只要得到贵人的赏识，就可以一飞冲天。因此，首句提到的鹏鹑表达了作者立功求名的志向。

八月·鸿雁明月

1. B

2.【答案示例】鸿雁不停地飞翔，但不能飞出无边的月光；鱼龙在水中跳跃，仅能激起层层波纹。鸿雁作为一种传统的传递信息的象征，在这里暗示了信息无法传递的无奈，进一步加深了相思之苦的情感表达。此外，这句诗还通过丰富的想象和典故，暗含鱼雁不能传信之意，含蓄地表达了相思之情。诗人通过这种意象的运用，展现了对于相思和离愁的深刻理解。

3. 人有悲欢离合 月有阴晴圆缺

4. （1）下飞天镜
　（2）明　出天山
　（3）我歌　徘徊
　（4）床前明　光
　（5）长安一片

九月·秋菊醉人

1.（1）梅花（出自宋代林逋的《山园小梅》）；
　（2）菊花（出自明代朱元璋的《咏菊》）；
　（3）莲花（出自元代吴师道的《莲藕花叶图》）；
　（4）杨花（出自宋代苏轼的《水龙吟·次韵章质夫杨花词》）

2.【答案示例】古人的酒令往往有多重含义。李昇的酒令从字面上是说，雪下得很大，于是就有了一片白茫茫的景色。其中还引出了战国名将白起。实际上，李昇用的"起"字还代表了"起事"，也就是造反的意思，他以雪自比，说自己将改朝换代。宋齐丘接下来的酒令字面上是说下雪后在街上走路，需要在鞋子上装上木齿防止滑倒。这里的"雍"同"拥"，而且引出了汉朝人雍齿。实际上，宋齐丘是明白了李昇想要造反的意思，而且表示自己会像雍齿跟随刘邦那样，跟随他开创新的朝代。徐融也听懂了李昇的想法，但是他不愿意跟他们一起造反，他的酒令字面上是说明天太阳出来后，雪就融化了。虽然引出的萧何也是汉代的名臣，但这个萧是"消融"的意思，表示李昇所自比的雪一定会失败。因此李昇非常生气，杀了他。三条酒令，不仅有表面上的意思，代表了各自的文学修养，更说出了每个人心中的想法。

十月·冬来水冷

1.【答案示例】这首诗首句写黄河与白云相连，有大河连天之感，下一句将孤城与群山相对，使读者置身于荒凉的边塞，此处唯有孤城和远处的群山。这两句把边塞景色中的孤寂感体现得淋漓尽致，烘托出悲凉的氛围。在此基础上，接下来的抒情就顺理成章，羌笛在吹奏倾诉离别之情的《折杨柳》，再次体现了边塞的苦寒，将听觉与视觉完美结合，之后以一句"春风不度玉门关"结尾，是安慰，是鼓励，还是无可奈何？这首诗写出了戍边士兵的怀乡之情，写得苍凉慷慨，悲而不失其壮，虽极力渲染戍卒不得还乡的怨情，但丝毫没有半点颓丧消沉的情调，充分表现出了盛唐诗人的广阔胸怀。

2.【答案示例】苏轼的词雄浑壮美，携江浪而来，气象万千，意象丰富，情感起伏，写出了江水奔腾，激发了怀古追思。首先铺陈江边之恢宏景观，继而遥想三国豪杰之英姿，最后回到现实，发出韶华不再、际遇坎坷的叹息。风流人物、传奇轶事都随浪而逝，人生飘忽，亦幻亦真。在激昂沉郁中，将眼前的长江与历史中的长江融合在一起，不仅体现了这一刻苏轼对古人心境的理解和追忆，也让千年以后的读者仍可感受到他对建功立业的追求。

杨慎的词大气磅礴，看似在写长江、江上的渔翁和樵夫，实际上是用长江指代历史，"长江水"就是历史的时光。长江水与江边的石头碰撞，溅起浪花，可浪花转瞬即逝，其美丽只在转瞬之间停留。英雄也是如此，他们虽然看上去豪气冲天，几十年后，他们所建立的宏伟基业会消失，英雄也不复存在。正因如此，才有了"是非成败转头空"，转瞬之间，一切都不复存在。

从对历史的理解角度来看，杨词写长江东去、夕阳依旧、青山常在，而英雄已然湮没在历史的浪潮中，透出隐士的潇洒超然，与苏词相比，似更胜一等；而从文明的进步角度来看，苏词在感叹之中仍保留着一份积极昂扬，体现了一脉相承的英雄主义，而杨词说兴亡盛衰尽为此滚滚江水所冲洗，古今万事皆付笑谈，难免流于悲观。

十一月·迎雪扬帆

1.【答案示例】这首词里写的"雪"有自然界中的雪，也有"文化的雪"，前者覆盖了实际的中华大地，而后者则席卷中华文明，并为之带来新生。真雪与雪景不必多言，上阕描写的就是壮美的雪景，这首词的独特之处在于"文化的雪"，这样的"雪"有困难的一面，以此提到了许多开创之主，都是在如雪一般困苦环境中为中华带来新生的英雄；另一方面，这样的"雪"也有超越历史的一面，预示着新中国将终结百年屈辱，为这片土地带来新生。

2.【答案示例】这两首唐诗都与日本的遣唐使有关。大唐强盛的国力和灿烂的文化吸引着包括日本在内的邻国纷纷效仿。唐人对来华的遣唐使友好相待、大气从容，留下了一段段佳话。中日是一衣带水的邻邦，想要往返都必须乘船，因此，"帆"的意象就与迎接和送别来唐的日本友人紧密相连，这两首诗中的"帆"都表达了唐朝对邻邦的友好和两国人民的真挚友情。

十二月·松梅友寒

1.【答案示例】中庭多杂树，余独赏梅枝。霜中能作花，露中能得实。春风荡草木，诸芳媚春日。零落寒风里，徒华无霜质。

2.【答案示例】"松风"和"山月"对仗，均有高洁之意。这首诗意在表明追求隐逸生活的闲适情趣。在前面四句抒写胸臆之后，第三联由虚入实，抓住自己隐居时的两个典型细节，在"轻描淡写"的同时，把悠然自得体现得淋漓尽致，将"松风"都写得好似通晓人意，与后世的"梅妻鹤子"有异曲同工之妙。"松风"陪伴着隐居的诗人，情与景相生，意和境相谐，主客观融为一体，大大增强了诗歌的形象性。